दे ताली

दे ताली

वीरेन्द्र जैन

वाणी
प्रकाशन

प्रकाशन के उत्कृष्टतम 63 वर्ष

सजिल्द पहला संस्करण : 2003
सजिल्द दूसरा संस्करण : 2026

vaniprakashan.com

वाणी प्रकाशन

4695, 21-ए, दरियागंज, नयी दिल्ली-110 002

फ़ोन : + 91 11 23273167, 23275710

शाखाएँ

अशोक राजपथ, पटना-800 004, बिहार

कॉफ़ी हाउस कैम्पस, महात्मा गांधी मार्ग, प्रयागराज-211 001, उत्तर प्रदेश

महात्मा गांधी अन्तरराष्ट्रीय हिन्दी विश्वविद्यालय, वर्धा-442 001, महाराष्ट्र

sales@vaniprakashan.in
vaniprakashan@gmail.com

De Taalee
by Virendra Jain

ISBN : 978-81-8143-090-5
Novel

आवरण चित्र : अरविन्द जैन

आवरण सज्जा : भूमिका जैन

मूल्य : ₹ 295

जी.एस. ऑफ़सेट, दिल्ली-110 095 में मुद्रित

वाणी प्रकाशन का लोगो मक़बूल फ़िदा हुसैन की कूची से

कहने की जरूरत नहीं, कभी राजकमल चौधरी की लेखनी मेरे ध्वंस (छद्म उजागर करने) में काफी सहायक सिद्ध हुई। आजकल यह काम वीरेन्द्र जैन कर रहे हैं। ('मुड़-मुड़के देखता हूँ' आत्मकथा में)

राजेन्द्र यादव

इन दोनों उपन्यासिकाओं को धारावाहिक प्रकाशित करने के लिए हिंदी इंडिया टुडे का आभार

उप-क्रम

दे ताली

सचमुच अश्लील लगता है, जब गुजरात के भूकंप में लाखों लोग तबाह हो गए हों, शहर और पूरा प्रदेश खुले आसमान के नीचे रोटी और छत पाने के लिए हाथ-पाँव मार रहा हो, तो हम साहित्य और संस्कृति के इन टुच्चे पक्षों को लेकर सिर फोड़ रहे हैं।

–राजेन्द्र यादव

प्रभा खेतान के सहयोग से आनेवाली पत्रिका 'हंस' के स्त्री भूमंडलीकरण विशेषांक, मार्च 2001 में अपने स्तंभ 'मेरी तेरी उसकी बात' के लिए वरिष्ठ कथाकार और हंस के संपादक राजेन्द्र यादव ने जिस सुबह उक्त पंक्तियाँ लिखी होंगी, संभवतः उसी शाम नयी दिल्ली में संसद भवन से दो फर्लांग के दायरे में आला अफसरों, धनाढ्य वर्ग और राजनेताओं के मशहूर चेम्सफोर्ड क्लब में साहित्यकारों का जमावड़ा सुरापान हेतु जुटा था। जुटना ही था, चूँकि जिस किसी सुबह-सवेरे कोई सात्विक उद्‌गार प्रस्फुटित किया जाए, उस शाम गला तर करना लाजिमी हो जाता है। खासकर तब, जब टीवी चैनल के साहित्य चर्चा कार्यक्रम में किसी रचनाकार की भूरि-भूरि और उसकी प्रतिभा और अपेक्षाओं से कहीं अधिक बढ़-चढ़ कर तारीफ कर देने का 'कु' या 'सु' कार्य कर दिया गया हो।

उस सुबह भी यही हुआ था। एक नामवर आलोचक ने जुम्मा जुम्मा एक दशक पहले साहित्य क्षेत्र में पदार्पण करनेवाली कथाकार की ऐसी कृति की जमकर तारीफ की थी, जिसके बारे में बकौल एक कलाकार नयी कहानी के तीसरे सवार का कहना था कि वह हिंदी की अरुंधति, महाश्वेता और न जाने क्या-क्या है। और बतौर एक अन्य महिला कथाकार जिसमें कई मशहूर और धुरंधर उपन्यासकारों के उपन्यासों की गूँज सुनाई देती है। अलबत्ता उस सुरापान समारोह में राजेन्द्र जी थे या नहीं, खबर नहीं।

यों यह रचना कथाकार राजेन्द्र यादव से यहीं तक, वह भी संयोग से, वाबस्ता है। आगे यह रचना उतनी ही काल्पनिक है जितने यथार्थ राजेन्द्र जी के उक्त उद्‌गार

हैं। जो पाठक उनके संपूर्ण उद्गार पढ़ना चाहें वे हंस का उपरोक्त अंक पढ़ें। मेरी यह रचना इस दिशा में उनकी कोई मदद नहीं कर पाएगी।

चेम्सफोर्ड में जुटी साहित्यकार सांसदों की भीड़ सत्ता पक्ष के सांसदों की थी या प्रतिपक्ष के सांसदों की, इस बारे में ठीक-ठीक संज्ञा दे पाना कठिन है।

दरअसल भारतीय संसद और साहित्यकार संसद में यहीं बुनियादी अंतर है। वहाँ, जो, जब तक, जिस ओर बना रहता है, उस क्षण तक यह स्पष्ट होता है कि वह सत्ता पक्ष का है या विपक्ष का। लेकिन हिंदी की साहित्यकार संसद में आज भी यह विभाजन स्पष्ट तो दूर अस्पष्ट रूप में भी चिह्नित नहीं किया जा सकता।

बहरहाल, चेम्सफोर्ड क्लब में उस शाम जो साहित्यकार मौजूद थे, वे अपने तईं यह मानते थे कि साहित्य की सत्ता इन दिनों उन्हीं के हाथों में है, साहित्य में उन्हीं का सिक्का चलता है, उन्हीं का डंका बजता है, वही सनदें-मसनदें देते-लेते हैं, इसलिए वह सत्ता पक्ष कहे जा सकते थे।

लेकिन साहित्य में चूँकि सत्ता पक्ष होना आलोचना का शिकार होना भी है, संदेह की सुई के ऐन सामने होना भी है, इसलिए वे यदा-कदा अपने तेवरों से, दिखावटी गुस्से से, यथास्थितिवाद में परिवर्तन की आकांक्षा और भोथरे प्रयासों का ढिंढोरा पीट-पीटकर यह भी मनवाना चाहते थे कि वे प्रतिपक्ष हैं। उन्हें यही माना जाए।

घोषित रूप से यह जमावड़ा हिंदी साहित्य को अपनी ओर हाँकने को उद्धत और सत्ता पक्ष की सिरचढ़ी स्वयंसेवियों की भीड़ और उसकी लाठियों से साहित्य की स्वायत्तता को कैसे बचाया जाए, यह सुनिश्चित करने के लिए जुटा था, लेकिन हो कुछ और ही रहा था। हर कोई, हर किसी दूसरे के कान में तो कुछ न कुछ फुसफुसा रहा था, लेकिन सामूहिक रूप से किसी को कोई संबोधित नहीं कर रहा था।

उन लाठियों से चिंतित होने के नाम पर जुटे इस जमावड़े में वे तीन लाठियाँ भी मौजूद थीं, जो इन दिनों साहित्य को हाँकने में जुटी हुई थीं। इनमें सर्वप्रमुख थी राष्ट्रपिता की वह लंबी लाठी जो कही जाती है अहिंसक लेकिन जिसकी मारक क्षमता घाव करे गंभीर का प्रमाण थी। यह लाठी कई बार तो बिना चले ही, बिना दिखे ही, दांडियों को अपने पीछे चलने को प्रलोभित कर लेती थी।

दूसरी पुलिसिया लाठी थी जो सीमा प्रहरी जवान की तरह जब भी हरकत में आती थी, कइयों को रौंद जाती थी, वह तो यहाँ नहीं थी, क्यों नहीं थी, यह आगे खुलासा किया जाएगा, अलबत्ता यहाँ उसकी अदना-सी साथिन लखनवी छड़ी जरूर मौजूद थी।

तीसरी दलित या पिछड़ी वह लाठी थी जो देखने में तो किसी और काम आती दिखाई देती थी, लेकिन अदृश्य रूप से असहमतों के सिर फोड़ने, मार-मार कर अधमरा

कर देने, पगला देने, कुत्ता बना देने के काम आती थी और सहमतों, सेवकों, समर्थिकाओं को आकाश में उनके कद से कहीं ज्यादा ऊँचा उठाने के काम भी अंजाम देती थी।

सीमा प्रहरीनुमा पुलिसिया लाठी के अलावा यहाँ लाठी दिलदाशी और लाठी जब्बरपुरी भी नहीं थी, वे दोनों या वे तीनों यहाँ क्यों नहीं थीं, आईं नहीं थीं या बुलाई नहीं गईं थीं, उन्हें साहित्यजगत की इस ज्वलंत समस्या से कुछ लेना-देना नहीं था या यहाँ जिन लोगों ने साहित्य संसद को जमा किया था, वे नहीं चाहते थे कि इस मसले पर उनकी भी राय ली जाए या उन्हें भी साथ लेकर चला जाए, यह अंदाजना कठिन नहीं था।

घोषित उद्देश्य के लिए यह जमावड़ा नहीं जुटा था, इसका संकेत यहाँ की उपस्थिति से भी हो रहा था। यहाँ राष्ट्रपिता विश्वभारती के राष्ट्रपुत्र देवानांप्रिय भी थे। सत्ता पक्ष की संस्तुति पर हिंदी के हित में लंदन तक मोर्चा फतह कर आए और आपातकाल के बाद से 'मौखिक ही मौलिक है' का सिद्धांत प्रतिपादित कर चुके, उस पर लगातार अमल कर रहे बेसहारों के सहाराश्री आलोचक जी भी थे। कभी एक्टविस्ट रहे पूर्व पत्रकार, पूर्व गुडसहाराश्री और अब पत्रकारों के वशिष्ठ नये शूरमा भोपाली भी थे। ये तीनों ही अंतरंग वार्ताओं में उभयपक्षी घोषित किए जाते थे, अलबत्ता सार्वजनिक मंचों से उन्हें ऐसा कहने की हिम्मत अभी कोई-कोई खरे-खोटे ही कर पाते थे।

इस साहित्यकार संसद में चल रही कनबतियों से बहुत जल्द यह उजागर हो ही गया कि यह जमावड़ा यकीनन घोषित एजेंडे के लिए नहीं, अघोषित एजेंडे के लिए जुटाया गया है।

दरअसल पिछले दिनों ही इस साल के साहित्य अकादमी पुरस्कारों की घोषणा हो चुकी थी और इसी के साथ यह सुनने में आने लगा था कि अगला साहित्य अकादमी पुरस्कार किसी महिला कथाकार को दिया जा सकता है, और बहुत संभव है वह महिला कथाकार बंगवासिनी हो।

इस खबर ने कई साहित्यिक पत्रिकाओं के संपादकों को बेचैन कर दिया था। वजह यह थी कि हिंदी में हर साहित्यिक संपादक चाहे पत्रिका कैसी भी और कितने भी अल्प समय तक क्यों न संपादित करता रहा हो, एक न एक लेखिका को सामने लाने का गुमान जरूर पाले रखता था। इन दिनों जितनी साहित्यिक पत्रिकाएँ बाजार में थीं, उतनी ही लेखिकाएँ भी चर्चा में थीं, जिनके बारे में अलग-अलग संपादकों का यह दावा था कि वे उनकी, नितांत उनकी खोज हैं, लिहाजा साहित्यालोक का सारा आकाश उनके आंचल में ला समेटना उनका नैतिक-अनैतिक दायित्व है। इसके लिए चाहे पंखहीन हंस ही क्यों न उड़ाना पड़े, कैसी भी पहल क्यों न करनी पड़े, कितने ही कथादेश क्यों न खोजने पड़ें या फिर वर्तमान साहित्य के आकलन और

परिवेश का कैसा भी तिया-पाँचा क्यों न करना पड़े।

हाल-फिलहाल हिंदी के साहित्याकाश पर तीन देवियों का परचम लहरा रहा था। एक थीं पणिपुत्री जिनका उपन्यास 'धाक' कइयों की धड़कन बढ़ाए हुए था, दूसरी थीं वीणावर्धन जिनका 'लावा' पूरे उफान पर था और तीसरी थीं बंगवासिनी मेनका मुरारका जिनका 'केलिकथा' अपने खाते में खासे बोल-कुबोल बटोर रहा था।

साहित्य अकादमी अगले साल का पुरस्कार किसी महिला कथाकार को देने का मन बना चुकी है, इस खबर ने साहित्यिक पत्रिका 'पारा' के संपादक यारा जी को खासा बेचैन कर दिया था। वे पिछले कई वर्षों से पणिपुत्री को साहित्य अकादमी में पुरस्कृत होते देखना चाहते थे। इसके लिए लगातार प्रयास भी कर रहे थे। इन प्रयासों का ही नतीजा था कि जब एक वयोवृद्ध साहित्यकार साहित्य अकादमी की निर्णायक धुरी थे, तब पणिपुत्री के निवास पर चीफ की दावत आयोजित की गई थी। वह पणिपुत्री को पुरस्कार तो नहीं दिलवा सके, अलबत्ता बकौल पणिपुत्री उस दावत के बाद जब भी कहीं उनसे पणिपुत्री की भेंट होती थी, वे उनके करीब आकर धीमे से पूछते थे, इन दिनों कौन-सा उपन्यास लिख रही हो?

एक अन्य ऐसे ही साहित्यकार जब राजधानी पधारे तब एक दोपहर राजधानी से बहिर्गमन कर वह भी प्रश्न प्रदेश गए थे और दोपहर के भोजनोपरांत पणिपुत्री के करकमलों से एक शॉल और अपनी पत्रिका के 11 आजीवन सदस्यों के चंदे के रूप में 11000 रुपये का चेक लेकर लौटे थे। वे आजीवन सदस्य कौन थे, कहाँ रहते थे, अभी पैदा भी हुए थे कि नहीं, जीवित भी थे कि नहीं, यह सब न उन्हें बताया गया था न ही उन्होंने यह जानने के लिए अपनी ओर से ही कोई पहल की थी। एक अन्य आलोचक और संपादक भी राजधानी की सारी वसुधा को धता बताते डिनर के लिए पणिपुत्री के घर पधारे थे और उन्हें भी वही सब अर्पित किया गया था जो पहलेवालों को किया जा चुका था। इनके साथ अकादमी विजेता एक कवि भी अपने इलाके को छोड़ नये इलाके तक कार में सवार हो पहुँचे थे। ये तमाम संत-महंत या लेखक-आलोचक-संपादक समागम हुए थे यारा जी के सुझाव और आदेश पर।

यह जमावड़ा भी पणिपुत्री के सौजन्य से, यारा जी की सदारत में ही आयोजित किया गया है, इसकी गवाही यहाँ जुटी साहित्यकारों की मूरतें भी दे रही थीं। पणिपुत्री स्वयं तो सपति और सपर्स मौजूद थीं ही, जिन तीनों पर इस सुरा समागम का भार था, निर्जन-सत्ता के प्रखर पत्रकार, इक न्यारे बंगले के मालिक, बीएमडब्लू सुरंग, भाभा सिन्हा, काशी-दामाद, मनोहर जी, प्रबंधक जी, मणिकांचन, विश्वकर्मा, मित्रो, सातों आसमान, दरीदा, चौथी हथेली, श्याम किशोर, साहित्य अकादमी पुरस्कार की सलाहकार समिति, चयन समिति और निर्णायक मंडल के वर्तमान ही नहीं संभावित

सदस्य तक मौजूद थे। पहाड़ पर लालटेन जल रही थी, रात का रिपोर्टर भी हाजिर था, रात में हारमोनियम बजानेवाले भी गिलास थामे खड़े थे, कगार पर आग भी सुलग रही थी, लेकिन दरवाजा कहीं नहीं था, न ही शहर में कर्फ्यू था।

अपनी प्रतिद्वंद्वी लाठियों, जिन्हें कभी-कभी सौजन्यतावश सहयोगी, समानधर्मी लाठियाँ भी कहना पड़ जाता था, के हरकत में आते ही, यारा जी का सक्रिय और चिंतित होना स्वाभाविक ही था। पणिपुत्री को वे अपनी निर्मिति मानते थे। यों भी कागज पर वे कुछ भी चिंताएँ उकेरते रहें, व्यवहार में ऐसी चिंताएँ ही उनका ओढ़ना-बिछौना थीं। किसे उठाना है, किसे गिराना है, कहाँ दिखना है, कहाँ छिप जाना है, इसी किस्म की चिंताएँ उनका दिन-रात का सुख-चैन हरे रहती हैं, इनका निदान उन्हें प्रफुल्ल-प्रसन्न रखता है और इनमें मिली असफलता-सफलता पर उनका भक्त समुदाय, वाहवाही समाज विस्तार पाता या सिकुड़ता है।

गिलास हाथ में थामे यारा जी चहुंओर यह देखकर तसल्ली करने में व्यस्त थे कि सब आ तो गए न! गले-गले तक तर हो तो गए न! किसी को कोई मलाल तो नहीं, किसी की कोई इच्छा अधूरी-अतृप्त तो नहीं! और हाँ, कोई अयाचित तो घुसपैठ करने में सफल नहीं हो गया? जो यहाँ गला तर भी कर जाए और कल को गला फाड़-फाड़ कर यहाँ का ब्यौरा चौराहे पर सुनाने से भी बाज न आए।

तभी राष्ट्रपिता विश्वभारती के राष्ट्रपुत्र अपना तमतमाता चेहरा, हालाँकि यह एक हर हाल में खुशदिल चेहरा था, भोपाल गैस त्रासदी के दौर तक में भी यह चेहरा खुशदिल देखा जा चुका था, विश्व कविता समागम में मशगूल देखा गया था, लेकिन देखनेवालों को, जैसा कि कहा जा चुका है, वैसा होने का आभास देता था, यारा जी की ऐन नजर के सामने आ गया।

राष्ट्रपुत्र यारा जी के करीब आए और औरों से थोड़ा हटकर बैठे यारा जी के साथवाली कुर्सी पर बैठकर उनके कान में कुछ फुसफुसाने लगे। फिर तो जब तक यह सुरा समारोह चला, इन दोनों की फुसफुस वार्ता जारी रही। इस कनबतियाँ का स्वरूप पूरे समय एक ही रहा। यानी शुरू से अंत तक देवानांप्रिय फुसफुसाते रहे और यारा जी उनकी फुसफुसाहट पर एकचित्त हो अपना एक कान लगाये रहे।

सुरा समारोह समाप्त होने पर यों तो सभी प्रसन्न नजर आ रहे थे जैसे गुजरात में आए भूकंप के लिए अपना सर्वस्व दान कर, बदले में आत्म-सुख पाकर बाहर आए हों, लेकिन इनमें भी दो लोग विशेषतः प्रसन्न थे। एक तो इस समारोह की मेजबान पणिपुत्री, जिन्हें एक साथ इतने सारे कलम के सिपाहियों को सुरा पान कराकर किसी रचना पाठ से मिलनेवाले सुख से कहीं अधिक सुख की प्राप्ति हुई थी और भविष्य में फल प्राप्ति का आभास मिला था, और दूसरे थे प्रगतिशील विचारों की जनवादी पत्रिका पारा के संपादक यारा जी।

हालाँकि यारा जी को देखकर लग नहीं रहा था कि वे परम-प्रसन्न हैं। यों यारा जी अपनी खुशी या खुंदक छिपाने में बहुत पारंगत नहीं हैं, फिर भी यहाँ जो खुशी उनके चेहरे पर होनी चाहिए थी, वह नहीं आ पा रही थी, इसकी वजह थी खुशी के संग-साथ सहेली की तरह चेंटी एक दुविधा।

वह रात यारा जी ने बहुत बेचैनी में काटी। पहले अनिर्णय की स्थिति के चलते, और फिर निर्णय को तुरंत अमल में न ला पाने की विवशता में।

यारा जी कोई भी बात शुरू करने से पहले और बात पूरी करके दोनों कोहनियों को मेज पर टिकाते हैं, फिर अपनी चौड़ी, सख्त हथेलियों को मिलाते हुए जो आवाज पैदा करते हैं, उससे देखने और सुननेवालों को आभास होता है जैसे कहा जा रहा हो—'तो फिर..., दे ताली।'

अगली सुबह पत्रिका के दफ्तर में पहुँचते ही उन्होंने 'पारा' के कनिष्ठ संपादन सहयोगी अनलकांत को अपने केबिन में बुलाया। उनके आते ही कुछ निर्देश देने को उद्दत होने से पहले ताली बजाई, फिर बोले, "ऐसा है, हमारी पत्रिका का अगला अंक सौ नहीं, डेढ़ सौ पन्नों का रहेगा। और हाँ, उसकी सौ प्रतियाँ मोटे, भारी, अच्छे कागज पर छपेंगी। ध्यान रहे, यह कागज मोटा, भारी, अच्छा तो हो, लेकिन देखने में बिल्कुल वैसा हो जैसा सामान्यतः अपनी पत्रिका में इस्तेमाल होता है।"

अनलकांत ने पूछा, "जी, अतिरिक्त पन्नों पर जो सामग्री जाएगी, हमरा कहने का मतलब ये है कि जो जा सकती है, वह कब तक मिलेगी? ऐसा है न सर जी, आप तो जानते हैं हम तो नितांत अकेला हूँ, फिर उसे टाइमली तैयार भी करना होगा न जी।"

"वह सब तुम्हें आज ही दे दी जाएगी। पूरी नहीं, ज्यादातर। बाकी एक-दो दिन में मिलेगी।"

यारा जी जानते हैं कि उनके पास एक ही सहयोगी है। उन्हें स्वयं कल ही शहर से बाहर जाना है। ऐसा न हो कि कहीं इतनी अतिरिक्त सामग्री को तैयार करने में यह इतना समय लगा दे कि अंक आने में देर हो जाए। ऐसा हुआ तो उससे बिक्री पर बुरा असर पड़ेगा।

"एक काम करो, वह जो तुम्हारी लंबी कहानी कई महीनों से नहीं जा पा रही है, एक तो उसी को तैयार कर लो, बीस पृष्ठ तो वही ले लेगी। पणिपुत्री की आगामी किताब 'कदमबाई का कायाकल्प' की जो पाँच समीक्षाएँ कंपोज्ड पड़ी हैं, पाँचों को एक साथ दे दो। बीस पन्ने उनमें खप जाएँगे। अब बचे दस या आठ पन्ने, सो उनके लिए ऐसा करते हैं, भाभा सिन्हा को कहे देते हैं कि इस बार वह अपना स्तंभ विस्तार से लिख दें। ठीक रहेगा न? उसके बाद भी जगह बच जाए

तो मेरी किताबों के प्रकाशकों के विज्ञापन छाप देना। उनसे भुगतान मैं वसूल कर लूँगा।''

अड़तालीस-पचास पन्नों की प्रकाशन सामग्री का गणित समझाने के बाद यारा जी ने फिर वही किया, यानी—'दे ताली।'

''जी अच्छा, ऐसा ही करूँगा।'' सहायक ने असहाय भाव से कहा।

चूँकि यारा जी ताली बजा चुके थे सो अनलकांत का अब वहाँ रुके रहना संभव नहीं रह गया था। फिर भी, चूँकि वे अभी भी असमंजस में थे, सो वहीं बने हुए थे।

''तो ठीक है,'' फिर से ताली बजाने के बाद यारा जी नये सिरे से शुरू हुए, ''तैयारियाँ करो। पत्रिका समय से आनी चाहिए। याद रखना, सौ प्रतियाँ मोटे कागज पर छापनी हैं। और हाँ, उन प्रतियों का बंडल मँगवाकर नफीस के हवाले कर देना। उरागें रो एक भी प्रति इधर-उधर न हो।''

इस बार अनलकांत ने यारा जी की ताली बजने का इंतजार नहीं किया। हालाँकि उनका असमंजस कायम था, लेकिन इस बीच उन्हें यह बोधिसत्व हो चुका था कि उनके असमंजस का निदान संपादक जी के पास तो नहीं ही है।

अनलकांत उसी ध्यानावस्था में केबिन से निकले और अपनी कुर्सी पर आ विराजे। उनकी बहुप्रतीक्षित कहानी 'उपहार अंतर्वस्त्रों का' का प्रकाशन पारा के आगामी अंक में होना तय हो गया था, लेकिन इस सूचना से लदे-फदे होने के बावजूद वे खुश नहीं हो पा रहे थे। उन्हें केवल आभास नहीं, पूरा यकीन था कि ऐसा क्यों होने जा रहा है। संपादक जी ने उन्हें वह पटखनी दी थी कि न सहते बन रहा था, न सहलाते। वह लालीपॉप थमाया था जो न निगलते बन रहा था, न उगलते।

उनकी कहानी पारा में छपेगी तो जरूर, लेकिन आगामी अंक की घोषणा में उसकी सूचना के बिना। अब वे स्वयं जितने लोगों को कहानी छपने की सूचना दे लें और पढ़ने का आग्रह कर लें, उतनी ही गनीमत। जिनसे संपर्क नहीं साध पाएँगे उन्हें तो खबर ही न होगी कि वे अगला अंक आने पर खरीदें भी और उनकी कहानी पढ़ें भी।

अनलकांत मन ही मन यह भी जान और मान रहे थे कि उनकी कहानी छापने का निर्णय लिया ही इसलिए गया है क्योंकि समय का अभाव है। किसी और ऐसे लेखक की कहानी छापते हैं जिसका नाम अगले अंक की घोषणा में नहीं गया है तो न तो वह खुद अगले अंक की दस-बीस प्रतियाँ खरीद पाएगा, न मित्रों-परिचितों को खरीदने के लिए प्रेरित कर पाएगा। ऐसे में उसे छापकर भी पत्रिका तीस-पचास प्रतियों की अतिरिक्त बिक्री से वंचित रह जाएगी।

पिछले चार साल से पारा में कनिष्ठ सहयोगी संपादक के रूप में काम करते-करते

अनलकांत यह जान चुके थे कि इस पत्रिका की प्रसार संख्या न बढ़ रही है, न घट रही है। जिस बार जिन क्षेत्रों और शहरों के लेखकों की रचनाएँ अगले अंक में छपने की सूचना होती है, वहाँ के पत्रिका विक्रेता बढ़ी हुई संख्या में अंक मँगाते हैं, और जहाँ का कोई नहीं होता, वहाँ के विक्रेता प्रतियाँ घटा देते हैं। यानी अनुपात वही का वही रहता है। अलबत्ता हर अंक के साथ कुछ नाराज पाठक जरूर जमा होते रहते हैं, क्योंकि प्रायः ही जिस अंक में जितने लेखकों की रचनाएँ छापने की सूचना अगले अंक के विज्ञापन में दी जाती है, किसी भी अंक में उतनी रचनाएँ समा नहीं पातीं। सो जिन रचनाओं को पढ़ने के लिए खुद उन रचनाओं के लेखकों ने ज्यादा मात्रा में और उसके प्रशंसकों ने एकाध प्रति खरीदी होती है, उनका मायूस और नाराज होने का हक बनना लाजिमी ही कहा और माना जाना चाहिए।

अनलकांत को एक नयी दुविधा भी अपने घेरे में लिए हुए थी। आखिर ऐसी कौन-सी मुसीबत आन पड़ी है जो महीने के अंतिम दिनों में संपादक महोदय को पत्रिका के पन्ने बढ़ाने पड़ रहे हैं?

अनलकांत को खबर है कि संपादक जी तो अपना फैसला सुनाकर कल ही 'साहित्य में लघु पत्रिकाओं का बड़ा योगदान' विषयक गोष्ठी की अध्यक्षता करने रायपुर चले जाएँगे, यहाँ रहते तब भी खटना तो अनलकांत को ही था, अब अगर न कहता हूँ तो ऐसा न हो वे अपना इरादा ही बदल लें, और हाँ करने के बाद भी कहाँ चैन है? जब तक मैं पूरे अंक की तैयारी करूँगा, तब तक ऐसा न हो, उधर रायपुर से संपादक जी का फोन आ जाए कि नहीं, बढ़े हुए पन्ने नहीं जाएँगे। तब? तब तो सारा श्रम ही निरर्थक नहीं हो जाएगा?

अनलकांत मनन करने लगे। इस संभावना को संपादक जी सत्य संभाषण में न बदल सकें इसका एक उपाय उनके दिमाग में आ भी गया। उस पर अमल करने से पहले उन्होंने इतना अलंघनीय उपाय इतनी त्वरित गति से खोज लेने के लिए अपनी पीठ थपथपाई।

ऐसा करता हूँ, यह खुशखबरी पणिपुत्री जी को दिए देता हूँ। बहाना है ही, किताब का आवरण चाहिए होगा कि नहीं? तब जरूर संपादक जी इस फैसले को फिर से बदलने के बारे में कतई नहीं सोचेंगे और सोचा भी तो अमल में नहीं ला सकेंगे।

जिस उपाय को त्वरित गति से सोच जाने के एवज में अनलकांत ने क्षण भर पहले अपनी ही पीठ थपथपाई थी वह उपाय अभी उनके मन में पुख्ता घर बना भी न पाया था कि उन्हें एक नयी आशंका ने आ घेरा। आशंका भी ऐसी कि उनके पिछले इरादे को उनके मन से सिरे ही धो-पोंछ दिया।

मान लो, पत्रिका अतिरिक्त पन्नों के साथ ही छपी, और उसमें मेरी कहानी

भी रही, तब भी मुसीबतें मुँह बाये खड़ी मिलेंगी। यदि कल को मेरी कहानी पर या पणिपुत्री की किताब पर पाँच समीक्षाएँ एक साथ छापने पर आपत्ति हुई या विवाद मचा तो संपादक जी कह सकते हैं—अनलकांत की कहानी मैंने तो ठीक से अभी पढ़ी भी नहीं थी कि इसने छाप ली। मैं तो उन दिनों रायपुर में था। पन्ने क्यों बढ़ाए गए, अनलकांत ने क्यों अपनी कहानी या पणिपुत्री की एक ही किताब पर पाँच समीक्षाएँ छापीं, किताब भी ऐसी जो अभी बाजार में आई तक नहीं, किसी ने उसको देखा तक नहीं, मुझे पता नहीं।

अनलकांत ने इस समस्या और उस पर संपादक जी के संभावित जवाब की काट की तलाश में अपनी समझ के घोड़े फिर दौड़ाए। आखिर वही हुआ, जिसकी अनलकांत को अपने से सदा अपेक्षा रही है। उन्हें इसकी काट भी सूझ ही गई। उन्होंने तय किया कि ऐसी स्थिति आने पर वे भी कह देंगे कि जो अतिरिक्त पन्ने हैं, वे पत्रिका का हिस्सा नहीं, विज्ञापन हैं। अब विज्ञापन के पृष्ठों में तो विज्ञापन-दाता की पसंद की ही सामग्री जा सकती थी न? हाँ, उन पन्नों पर विज्ञापन शब्द जाना मेरी असावधानी से रह गया।

अनलकांत को अपनी प्रतिभा, मेधा और प्रत्युत्पन्नमति पर फिर-फिर अभिमान हो आया। पणिपुत्री को अभी से यह सूचना देने का इरादा उन्होंने मन ही मन निरस्त कर लिया। उन्हें यकीन है, वैसी विषम स्थिति आने पर जब मैं अपनी परेशानी पणिपुत्री जी के सामने रखूँगा, उन्हें यह पता चलेगा कि उनकी पाँचों समीक्षाएँ एक साथ छापने का फैसला मेरा था और उसे जस्टिफाई करने का एक ही रास्ता है, तो वे इतने पृष्ठों की विज्ञापन राशि देने में जरा भी देर नहीं लगाएँगी। वे उदार हैं, समृद्ध हैं, तिस पर बेहद महत्त्वाकांक्षी हैं।

अनलकांत को एक विचार निर्विघ्न करता, कि तभी दूसरी आशंका फिर से विचलित कर जाती। वे उधेड़-बुन में थे, तय नहीं कर पा रहे थे कि उनका अगला कदम क्या होना चाहिए।

अनलकांत के मन में अगला विचार पनपा—क्यों न संपादक जी से आदेश लिखित में ले लिया जाए?

अगले ही पल उनके मन के दूसरे पक्ष ने उन्हें खबरदार भी कर दिया, 'नहीं, नहीं, संपादक जी अपना आदेश लिखित में नहीं देंगे। लिखित में देने के बाद मुकरने का रास्ता जो बंद हो जाएगा। संपादक जी ऐसा सोच सकते हैं कि यदि अंतिम समय में अतिरिक्त पन्ने छापने का फैसला निरस्त करना पड़ा और तुम्हारी कहानी भविष्य में भी नहीं छप सकी, तो तुम कभी वह लिखित आदेश दिखाकर यह सिद्ध कर सकोगे कि पारा में तुम्हारी कहानी छापने का निर्णय ले चुकने के बाद भी छापी नहीं गई।'

अनलकांत ने अपने मन के इस हिस्से को शाबासी दी, उसका लोहा मानते हुए स्वतः बोले, हाँ, ठीक कहा तुमने। औरों की कहानी स्वीकृत हो जाने पर उनके पास शिकायत के लिए यही तो आधार होता है। मैंने कहानी बाहर से भेजी होती तो मेरे पास भी होता। फिर एक क्षण को मान लो, संपादक जी के मन में ऐसी आशंका नहीं भी आई, तब भी यह संभावना तो शेष रहती ही है कि जब वे लिखित में आदेश दें तब पुर्जी पर मेरी कहानी की जगह किन्हीं और लोगों की कहानियाँ छापने का आदेश थमा दें।

न, न, संपादक जी को इस विषय में पुनर्विचार का अवसर देना ठीक नहीं। इसी आदेश को उचित और परिपूर्ण मान लेने में ही सार्थकता है।

यकायक अनलकांत के मुखमंडल पर मृदु मुस्कान तैर गई। उन्हें अपने समय के एक धुरंधर आलोचक और उनकी तमाम गतिविधियों का भी स्मरण हो आया, जिन्होंने अनलकांत को एक अकाट्य तर्क सुझा दिया—मौखिक ही मौलिक है।

अनलकांत ही नहीं, तमाम साहित्य-जगत जानता है कि ये स्वनामधन्य आलोचक पिछले बीस-पच्चीस साल से एक भी आलोचना लिखे बिना आलोचना के शिखर पुरुष बने हुए हैं। वे अपने तमाम मंतव्य केवल सभा-समारोहों में बोलते रहे हैं। अलबत्ता इधर कुछ दिनों से सुबह-सवेरे टीवी के एक चैनल पर भी वे मौखिक ही आलोचना वाचन कर रहे हैं।

अनलकांत हिदायतें मिलने के बाद भले ही 'दे ताली' की क्रिया के संपन्न होने तक संपादक जी के केबिन में नहीं रुके, लेकिन संपादक पारा ने दोनों हाथों को आपस में एक-दूसरे से टकराकर 'ठाप्प' की ध्वनि निकाली, फिर दोनों हथेलियों को आपस में रगड़कर उनकी खुजली मिटाने का प्रयास किया। वह तब भी नहीं मिटी, सो कुर्सी की पीठ पीछे की ओर झुकाकर फोन का चोगा उठाया और कान से लगाकर कोई नंबर दबाने लगे।

"हाँ तो...नी...(पाठक यहाँ पणिपुत्रनी पढ़ें या फिर जो उनका मन हो वह पढ़ने को स्वतंत्र हैं) क्या हो रहा है?"

"और क्या हो सकता है? आप तो छाप नहीं रहे, सो उन पाँचों समीक्षाओं को बार-बार खुद ही पढ़ रही हूँ।"

"हा, हा, हा, हा, ईश्वर ने आँखें दी हैं तो घर में बैठे-बैठे कागज देखकर काहे थकाती हो, हा, हा, हा, हा। सुनो, एक मौलिक विचार मेरे दिमाग में अभी तुम्हें फोन करते-करते आया है। ऐसा करते हैं, पत्रिका के पन्ने बढ़ा देते हैं। बढ़िया कागज लगाते हैं। पर एक कष्ट है। यह अनलकांत का बच्चा नहीं मानेगा। हाथ खड़े कर देगा। काम बढ़ने की शिकायत करेगा।"

"आप कहो तो मैं बात करूँ या उसकी मदद करने आ जाऊँ?"

"हम ही न होंगे जब जहाँ, तब आकर क्या करोगी तुम वहाँ? खबरदार, कतई न आना। हा, हा, हा, हा, हा। खैर, यह सब तो मजाक था। एक उपाय है। उसकी लम्बी कहानी भी छाप देते हैं। तब 'न' नहीं करेगा। पूरी मेहनत और लगन से काम भी करेगा। ऐसा भी नहीं लगेगा कि तुम्हारी किताब की समीक्षाओं के लिए पन्ने बढ़ाए गए हैं। ठीक है न?"

"लो, कर लो बात। मैं तो अपनी जरा-जरा-सी उलझन आपसे सुलझवाती हूँ। मैं भला आपको क्या सलाह दे सकती हूँ, है कि नहीं?"

"तो तय रहा। जैसे कल चेम्सफोर्ड क्लब तुम्हारे पर्स ने अफोर्ड किया वैसे ही इस अतिरिक्त भार का समाहार...हा, हा, हा, हा, हा।"

संपादक पारा यारा जी ने फोन वापस रख दिया और फिर वही—दे ताली की क्रिया दोहराई।

जैसा तय हुआ था, जब तक लघु पत्रिकाओं को बड़ी खुराक पिलाकर यारा जी लौटे, तब तक उनके निर्देशानुसार पारा का नया अंक आ चुका था। सौ प्रतियाँ भारी कागज वाली भी।

पारा के दफ्तर में पहुँचते ही यारा जी ने नफीस जी को तलब किया।

"नफीस भाई, मैं तुम्हें एक जिम्मेदारी का काम सौंप रहा हूँ। इसे पूरी नफासत से अंजाम देना होगा।"

नफीस भाई 'जी' की मुद्रा में प्रतीक्षारत बने खड़े रहे। संपादक जी को लगा, वह उनकी बात पर तवज्जो नहीं दे रहा है। उन्होंने तुरंत दे ताली की प्रक्रिया पूरी की। ऐसा करते ही नफीस की काया में हरकत हुई। वे दत्तचित हो संपादक जी की ओर निहारने लगे।

"हाँ तो," यारा जी ने क्षण भर को नफीस को घूरा।

"सौ प्रतियों के इस बंडल में से पचास प्रतियाँ पणिपुत्री जी के घर पहुँचानी हैं, दस प्रतियाँ राष्ट्रपिता विश्व-भारती के दफ्तर में पहुँचानी हैं। दस प्रतियाँ मेरी कार में रखवानी हैं और शेष प्रतियाँ अपने पास अलमारी में संभालकर ताला लगाकर रखनी हैं। जब तक मैं न कहूँ या न माँगूँ तब तक इनमें से एक भी प्रति किसी को नहीं देनी।"

यारा जी मौन हुए तो नफीस जी वापस मुड़े। तभी यारा जी ने उन्हें रोका, "कहाँ चले? अभी मेरी बात पूरी नहीं हुई है। अपनी पत्रिका के सात फार्म की प्रोडक्शन कास्ट का हिसाब एक कागज पर बनाकर मुझे देना। उसमें इसी मोटे कागज की कीमत जोड़ना, पूरी प्रतियों की, न कि सौ प्रतियों की। बाकी कंपोजिंग, प्रूफ रीडिंग,

प्लेट मेकिंग, नेगेटिव, चित्र, छपाई, बाइंडिंग, सब कुछ उसमें आ जाना चाहिए। आज शाम को जाने से पहले मुझे देकर जाना, समझ गए?''

''जी जनाब।'' नफीस भाई कहकर पलटे।

''अमाँ, भागने की जल्दी में क्यों हो? सुनो तो।'' संपादक जी ने फिर नफीस के बढ़ते कदम थामे।

''राष्ट्रपिता विश्वभारती को जो प्रतियाँ भेजोगे, उसका चालान हमारी विज्ञापन और प्रसार एजेंसी नीर-क्षीर के चालान पर भेजना।''

संपादक जी मौन हो गए, लेकिन नफीस जी तब भी वहीं बने रहे। जब अगले कुछ क्षण भी मौन वार्ता में बीत गए तब नफीस को यकीन हुआ कि अब जाया जा सकता है।

नफीस अपनी सीट पर विराजते ही संपादक जी के निर्देशों का तेजी से पालन करने में जुट गए। उन्हें आज रात की गाड़ी से टूर पर जाना था। पत्रिका के ग्राहकों-विक्रेताओं से उगाही-तकाजे के लिए, इसलिए काम शाम तक निबटाना लाजिमी था।

नफीस भाई ने पणिपुत्री के घर और राष्ट्रपिता विश्वभारती में भी प्रतियाँ पहुँचा दीं। संपादक जी की कार में रखवा दीं, शेष प्रतियाँ ताले में बंद कर लीं। यह सब करते हुए जिस गति से उनके हाथ और उनका दोपहिया चलता रहा, उसी गति से दिमाग भी चलता रहा।

हाथ तो प्रतियाँ ताले में बंद करते ही थम गए लेकिन दिमाग नहीं थमा। इस दफ्तर में जो बहसें होती रही हैं, उन्हें सुनकर नफीस भाई ने यही जाना-माना था कि आजादी के तुरंत बाद जितने भी मेधावी और विरोधी स्वर हो सकते थे, उन सबको मौन रखने के लिए व्यवस्था ने कहीं न कहीं लाभकारी जगह पर चस्पां कर दिया था। इसका परिणाम यह सामने आया था कि तत्कालीन व्यवस्था का विरोधी स्वर कहीं से भी सुनाई नहीं देता था, अलबत्ता उसका प्रशस्तिगान चहुँओर से गाया बजाया जाता था। अब समकालीन व्यवस्था भी ऐसा ही करती है। जहाँ कोई विरोधी, प्रतिरोधी स्वर या मौलिक विचार उठा कि उसे किसी न किसी बहाने, किसी न किसी कीमत पर मौन रहने को राजी कर लेती है। साहित्य जगत में इस काम को अंजाम देने का अहम दायित्व जिस पर है, इन दिनों वही है राष्ट्रपिता विश्वभारती का राष्ट्रपुत्र।

नफीस भाई को इलहाम था और गाहे-बगाहे वह औरों से भी सुनते आए थे कि उनके संपादक आकंठ परिवर्तनकामी हैं। फिर भला इनकी पटरी उन यथास्थितिवादी राष्ट्रपुत्र से कैसे बैठ सकती है? ऐसे में साहब खामखाँ दस प्रतियाँ क्यों नष्ट कर रहे हैं? राष्ट्रपिता विश्वभारती में तो कोई उनकी तरफ देखेगा तक नहीं।

नफीस भाई शहर-शहर 'पारा' के ग्राहक जुटाने जाते हैं। वे जानते हैं कि पारा

राष्ट्रपिता के राष्ट्रपुत्र को अप्रिय है, कई जगह तो इसीलिए पारा के ग्राहक ज्यादा हैं। वे खुद विक्रेताओं को पारा की विशेषताओं में से एक यह भी फख्र से बताते रहे हैं। अलबत्ता इस बार वह थोड़े असमंजस में थे। इसी का नतीजा कहिए कि इस बार पूरे दौरे में उन्होंने कहीं, किसी के आगे पारा की खूबियों या खामियों के रूप में इस गुण-अवगुण का बखान नहीं किया।

सप्ताह भर बाद जिस दिन नफीस जी यात्रा से वापस लौटे, उसी सुबह की डाक से संपादक जी को राष्ट्रपिता विश्वभारती की ओर से नीर-क्षीर विज्ञापन और प्रसार एजेंसी के नाम एक पत्र मिला। इस पत्र का यारा जी को पिछले एक सप्ताह से इंतजार था। इसे देखते ही उनका मन प्रसन्न हो गया। चेहरे पर सप्ताह भर से छायी मुर्दनी जाने कहाँ तिरोहित हो गई। पत्र में क्या लिखा है, वे जानते थे, फिर भी पत्र को मेज पर रखकर, हथेलियों से अपने दोनों कान दबा कर संपादक जी उसे पढ़ने में व्यस्त हो गए।

पत्र का सार संक्षेप पाठकों की सुविधा और जानकारी के लिए यहाँ बयान किया जा रहा है। ताकि सनद रहे और वक्त पर काम आए।

राष्ट्रपिता विश्वभारती ने लिखा था, 'नीर-क्षीर प्रसार एजेंसी की ओर से भेजी गई वर्णमाला प्रकाशन प्राइवेट लिमिटेड की पत्रिका पारा उच्च कोटि की पाई गई। रापिविभा ने निर्णय लिया है कि विदेशों में रह रहे हिंदी विद्वानों और विदेशी हिंदी संस्थानों को इसका प्रत्येक अंक उपलब्ध कराया जाए। इस पत्र के साथ रापिविभा की ओर से 500 हिंदी विद्वानों और विदेशी हिंदी संस्थानों के नाम और पते भेजे जा रहे हैं। इन सभी को रापिविभा की ओर से पारा का प्रत्येक अंक भेजा जाए। इन 500 प्रतियों का मुद्रित मूल्य प्रत्येक माह रापिविभा की ओर से आपकी एजेंसी को भेज दिया जाया करेगा।

'रापिविभा को ज्ञात है कि विदेशों में पत्रिका भेजने पर पत्रिका के मूल्य से कहीं अधिक डाक व्यय आता है। 25 रुपये की पत्रिका भेजने के लिए उतना डाक व्यय कोई भी पत्रिका वहन नहीं करना चाहेगी, भले ही वह प्रगतिशील जनवादी विचारों की नवजनवादी संपूर्ण कथा मासिक पत्रिका, और सो भी स्वयं को इकलौती ही ऐसी पत्रिका क्यों न मानने वाली, और मनवाने की जिद में कटखनी हो चुकी पत्रिका ही क्यों न हो। जिसके संपादक ने इस काम की खातिर अपना सब कुछ यहाँ तक कि पारिवारिक सुख-चैन भी स्वाहा क्यों न कर दिया हो। जब और तमाम लेखक साहित्य के नाम पर मजे ले रहे हों, कोई सैयां के पैयां परूं मार्का कवियों के साक्षात्कार कर धन बटोर रहा हो, कोई सिप्पी और हिप्पी के सीरियल लिख कर पैसा पीट रहा हो, कोई अपने अज्ञात प्रेमों की आधारशिलाएँ लिख-लिख कर वाहवाही कमा रहा हो, कोई हवाई जहाजों में बैठ एक शहर से दूसरे शहर आ-जा रहा हो, कोई होनोलूलू

से पाँच लाख का साहित्य पुरस्कार हथिया कर लिटिल बुड्ढा में अभिनय करने के लिए मलाया जा रहा हो, एक अकेला बेचारा वह संपादक अपने सब दुख भूल उपन्यास सम्राट की गरीब-गुरबा विरासत को ही अपनी उपलब्धि मानता हो।

'रापिविभा के प्रसार विभाग ने पारा का वजन करवा कर डाक विभाग से यह प्रमाणित करवा लिया है कि इस पत्रिका की विदेश भेजी जानेवाली एक प्रति पर 80 रुपये डाक व्यय आएगा। रापिविभा ने यह निर्णय लिया है कि पत्रिका के मुद्रित मूल्य के साथ ही, डाक पर खर्च होनेवाली राशि भी 80 रुपये प्रति अंक की दर से इस संस्था की ओर से नीरक्षीर प्रसार और प्रचार एजेंसी को दी जाएगी। उल्लेखनीय है कि इन दोनों मदों में किए जानेवाले भुगतान की राशि में कोई परिवर्तन डाक दरों में वृद्धि या/और पत्रिका के मूल्य में होनेवाले परिवर्तन पर ही किया जाएगा। पत्रिका के किसी अंक के पृष्ठ बढ़ने अथवा उनका वजन ज्यादा होने पर डाक व्यय में अधिक राशि खर्च होती है तो वह आपको वहन करनी होगी, रापिविभा इस दायित्व वहन में हिस्सेदारी नहीं करेगी।

'कृपया रापिविभा की ओर से भविष्य में कोई परिवर्तित आदेश न मिलने तक संलग्न नामों और पतों पर पारा के प्रत्येक अंक की एक-एक प्रति भेजते रहें। हमारी सुविधा के लिए पत्रिका की प्रतियों का बिल और डाक विभाग से पत्रिकाएँ प्रेषित करने का प्रमाण पत्र प्राप्त करके वह मूल प्रमाण पत्र हर महीने रापिविभा के पंजीकृत कार्यालय में पहुँचाते रहें।'

पत्र पढ़ने का काम पूरा होते ही यारा जी ने दे ताली की प्रक्रिया पूरी की, फिर अपने कनिष्ठ संपादन सहयोगी अनलकांत को तलब किया।

अनलकांत के आते ही वे व्यस्त भाव से बोले, "भई कई पाठकों को शिकायत है कि हमारी पत्रिका का टाइप बहुत छोटा है। पढ़ने में तकलीफ होती है। इसका कालम साइज बढ़ा है। कमजोर नजरवाले इस वजह से भटक जाते हैं। लाइनें की लाइनें पढ़ने से रह जाती हैं। तारतम्य टूट जाता है।"

यारा जी क्षण भर को रुके। एक बार फिर से दे ताली की क्रिया दोहराई। दोहरानी ही थी। अनलकांत के आने के बाद वह इस क्रिया को अंजाम देना भूल जो गए थे। उन्हें लगा, शायद इसीलिए अनलकांत अभी भी प्रतिक्रियाहीन चेहरा लिए खड़े हैं। जबकि अनलकांत की स्थिति यह थी कि उन्हें यारा जी के इस पूरे कथन में कुछ उपकथन जोड़ना आवश्यक ही नहीं लगा था।

"आखिर हम पत्रिका छापते किनके लिए हैं? पाठकों के लिए न? सो उनकी सुविधा-असुविधा का ध्यान तो रखना होगा न? ऐसा करो, पत्रिका के मैटर का टाइप साइज एक प्वाइंट बड़ा दो। कालम साइज तीन एम घटा दो। कागज का आकार वही रहे। पत्रिका छोटी नहीं करनी है, बस, जरा खुली-खुली, खिली-खिली तो लगे।"

अनलकांत की समझ में अब भी कुछ नहीं आया। वे जिस धुरी पर सोचना चाह रहे थे, उस पर सोचने के लिए जरा विस्तार से सोचना पड़ता। और संपादक जी उन्हें फिलहाल उतना अंतराल देते नहीं दीख रहे थे।

अभी कुछ अंक पहले पारा का एक अंक उनके स्वतन्त्र संपादन में भी आया था। उसमें मित्रों को ज्यादा से ज्यादा खपाने के लिए और यारा जी के भी तमाम परिचितों, प्रियों, शुभचिन्तकों को भी स्थानाभाव के चलते वंचना न झेलनी पड़े, इसलिए, अनलकांत ने पूरे ही अंक का टाइप साइज एक प्वाइंट छोटा कर दिया था। इसीलिए अनलकांत को संपादक जी के इस कथन में अपने उस फैसले के लिए डाँट-डपट की भनक और कहते हैं जिसे मसक मार, उसकी खनक सुनाई दे रही थी।

"और...तुम्हारी कहानी पर कुछ प्रतिक्रियाएँ तुम्हारे पास भी आई ही होंगी?" यारा जी ने अनलकांत को ज्यादा सोचने का, निराशावादी बनने का अवसर न देते हुए बात जारी रखी, "उन्हें भी इसी अंक में दे देना। और हाँ, यह अंक हमेशा की तरह सौ पन्नों का ही रहेगा, सामान्य कागज पर ही छपेगा।"

यारा जी ने फिर दे ताली की क्रिया दोहराई। अनलकांत समझ गए, अब चलना होगा...

...चलते चलते वही उधेड़बुन...

...संपादक जी ने टाइपवाली बात क्यों उठाई? मुझे शर्मिंदा करना उनका मकसद था तो अब नये अंक में टाइप बड़ा, कालम साइज छोटा क्यों करवा रहे हैं? अब जो सामग्री अगले अंक में घोषित की जा चुकी है, वह पूरी की पूरी कैसे जाएगी?

अनलकांत को लगा, इस अंतिम शंका का समाधान तो पा ही लेना चाहिए। संपादक जी को यह याद दिलाना ही चाहिए कि पहले ही हमारे पाठक हमारी नीयत पर शक करते हैं। उनका मानना है कि हम जानबूझ कर अगले अंक की सूचना में ज्यादा रचनाओं की घोषणा करते हैं ताकि तमाम संभावित लेखक और उनके पाठक पत्रिका की प्रति जरूर खरीदें, जबकि उनमें से कई रचनाएँ उस अंक में होती ही नहीं हैं। हमारे लेखक और पाठक इसे हमारी लोभवृत्ति की संज्ञा देते हैं। इस बार टाइप बड़ा और कालम साइज छोटा कर देने से तो अगले अंक के लिए घोषित रचनाओं में से आधी रचनाएँ जाने से रह जाएँगी।

"कोई बात नहीं, अगले अंक से हम कम सामग्री घोषित करेंगे। इस बार अपने संपादकीय में मैं यह स्पष्ट कर दूँगा कि पिछले अंक में जितनी रचनाओं की घोषणा इस अंक के लिए की गई थी वे क्यों नहीं जा सकीं। लेकिन...नहीं..., तब पाठक शिकायत कर सकते हैं...ऐसा करते हैं, इस अंक में, और अगले अंकों में भी, मैं एक पन्ने का ही संपादकीय लिखूँगा। यह तो हम आसानी से कर ही सकते हैं।"

संपादक जी का सुझाव और निर्देश मिलते ही अनलकांत का क्लांत चेहरा खिल गया। अब कोई भी ऊहापोह नहीं रही। अब तो एक नयी उधेड़बुन ने उन्हें उद्वेलित करना शुरू कर दिया है। हो सकता है, अगले अंक से पाठकों के पत्रों को भी कम पन्नों में छापा जाए, सो जल्द से जल्द, ज्यादा से ज्यादा लोगों से अपनी कहानी पर प्रतिक्रिया बटोरनी होगी और सबकी सब इसी अंक में छापनी होंगी। यारा जी का संपादकीय पारा की जान है, उसमें कटौती पाठकों को पसंद नहीं आने की। यह फैसला एकाध अंक से ज्यादा नहीं टिकेगा।

अनलकांत के पास समय का टोटा है। संपादक जी जब तक जयपुर यात्रा से लौटें, सब कुछ चाक-चौबंद ढंग से करकरा कर छपी हुई पत्रिका उनकी मेज तक पहुँचानी है।

अनलकांत ने कमर कसी और मन ही मन तय किया कि पाठकों के पन्नों का टाइप साइज तो इस बार मैं नहीं ही बढ़ाऊँगा।

अनलकांत के जाते ही यारा जी ने नफीस को तलब किया।

"देखो, यह राष्ट्रपिता विश्व-भारती का स्थायी आदेश आया है। तुम लोग तो पत्रिका का प्रसार बढ़ाने का प्रयास करते नहीं, यह काम भी मुझे करना पड़ रहा है..."

संपादक जी क्षण भर को यह सोचने के लिए मौन हुए कि रापिविभा के राष्ट्रपुत्र को पिछले संवाद सम्मेलन में पाठ-कुपाठ के लिए न्योतना काम आ गया। उस दिन सुरापान समारोह ने उस ताबूत में आखिरी कील भी ठोक दी। आगे भी कभी-कभार ऐसे अवसर पैदा करते रहने होंगे। धन्य हो पणिपुत्री, धन्य हो देवानांप्रिय।

नफीस को यह इलहाम नहीं था कि संपादक जी किन्हीं मधुर खयालों में खो गए हैं। वह समझा कि उसे कटूक्तियाँ सुनाने से संपादक जी का मन कसैला हो गया है, सो अपनी तरफ से उसने सफाई में अर्ज किया, "नहीं जनाब, मैं तो हाल ही में एक हफ्ते तक कई शहरों की खाक छान कर लौटा हूँ।"

"खैर..." उसकी कर्मठता और वफादारी में यारा जी को कोई दिलचस्पी नहीं थी। उन्होंने एक ही झटके में जितना कर लिया था, उतना तो नफीस सालों रेलों में अप-डाउन करके भी न कर पाता। फिलहाल उनका इरादा उसे उलाहना देने या उसका मनोबल गिराने का भी नहीं था। वे तो आज खुशी बाँटना चाहते थे। जीत की पतंग उड़ाना चाहते थे। रंज का मांझा लपेटने में भला क्यों जुटते।

अपनी बात जारी रखते हुए उन्होंने नफीस को समझाया, "यह पत्रिका हम सबका संयुक्त उपक्रम है। अभी तो ऐसा करो कि अपने योगदान स्वरूप इस आदेश को फाइल में रख लो। हर महीने पाँच सौ प्रतियाँ भेजने की, रापिविभा में बिल और डाक विभाग की रसीद पहुँचाने की जिम्मेदारी तुम्हारी रही।"

संपादक जी से खुशी छिपाए नहीं छिप रही थी। वे यह तक भूल गए थे कि जिससे इस समय मुखातिब हैं उसे इस आदेश के बारे में कुछ भी पता नहीं है। पत्र भी अभी उसके हाथ में पहुँचा ही है। वह उसे पढ़ नहीं पाया है। ऐसे में उनके निर्देशों का सिर-पैर ही उसके पल्ले नहीं पड़ेगा।

"इस पत्र में सब कुछ लिखा है। ध्यान से पढ़ लेना। और हाँ, मैंने अनलकांत से कहा है कि इस बार से पत्रिका के कालम छोटे करने हैं, इससे खाली स्पेस ज्यादा बचेगा। आपको इन पाँच सौ प्रतियों की कटिंग ज्यादा से ज्यादा करवानी होगी। इनके लिए लिफाफा भी अलग से छपवाना होगा। कटिंग में ध्यान रहे, मैटर न कटे। ऐसा करो...अपना कोई सामान्य अंक लेकर उसे इस तरह काटो कि खाली स्पेस कट जाए, नये मेजरमेंट के कालम में खाली स्पेस फिर से निकल ही आएगा। उस कटी हुई प्रति को तौल कर देखो, उसका वजन करो और मुझे बताओ कि उतनी कटने के बाद पत्रिका को यदि विदेश भेजा जाए तो कितने रुपये के डाक टिकट लगेंगे। और हाँ, उसके साथ लिफाफा भी काट कर वजन करके देखना।"

नफीस भाई अपने कमरे में गए और आधा घंटा बाद संपादक जी को बताया कि प्रत्येक प्रति पर बीस से पच्चीस रुपये के बीच डाक टिकट लगेंगे।

संपादक जी इस दौरान हाथ-में-हाथ फँसाए बैठे रहे थे। नफीस की सूचना पर उन्होंने ऐसी भाव भंगिमा दर्शाई जैसे कान ही नहीं देना चाहते। वे मौन रह कर नफीस को संकेत देना चाहते थे कि उनकी उपस्थिति की वजह समाप्त, अब वे वापस पधारें।

उधर नफीस को लगा, संपादक जी को उसके मूल्यांकन पर यकीन नहीं आ रहा। उसने खुलासा किया, "साहब जी, बात दरअसल यह है कि हमारे पास पत्रिका के जो अंक हैं वे पुराने हैं। फिर नया अंक वजन में यों भी कुछ ज्यादा होता है, फिर जैसा कागज हम इस्तेमाल करते हैं उसमें कोई शीट पतली, कोई मोटी आ जाती है। उधर डाकखाने वाले भी सब प्रतियों को नहीं तौलते, जो भी प्रति तराजू पर रखते हैं, उसका जो वजन होता है, वही सबका मान लेते हैं। इसीलिए मैंने आपको बताया है कि 20 से 25 रुपये के दरम्यान।"

नफीस के मौन होने के बाद भी संपादक जी मौन ही बने रहे। अलबत्ता इस बीच एक कागज पर उन्होंने डाक दर नोट कर ली। नफीस को लगा उसकी जिम्मेदारी पूरी हुई। संपादक जी सूचना पा चुके, सो वह वापस अपने कमरे में लौट गया।

नफीस के जाते ही संपादक जी ने वह कागज जिस पर नफीस द्वारा बताया गया डाक खर्च नोट किया था, अपने हाथों के ऐन सामने मेज पर फैलाया। एक हाथ को कोहनी से मोड़ कर कोहनी मेज पर और हथेली अपने एक कान पर टिकाई। फिर दूसरे हाथ में कलम थामी और लिखा-पढ़ी में व्यस्त हो गए।

रापिविभा से पत्रिका के मूल्य के रूप में मिलेंगे 25 गुणा 500 बराबर बारह हजार पाँच सौ रुपये। डाक व्यय के रूप में मिलेंगे 80 गुणा 500 बराबर चालीस हजार रुपये। कुल हुए बावन हजार पाँच सौ रुपये। पत्रिका को विदेश भेजने पर 25 रुपये प्रति प्रति की उदार दर से खर्च फैलाएँ तो कुल 500 प्रतियों का खर्च आएगा बारह हजार पाँच सौ रुपये। यानी तब भी शेष बचेंगे चालीस हजार रुपये। यदि इन पाँच सौ प्रतियों को बाजार में बेचते (हालाँकि खरीददार हैं कहाँ, होते तो बेचते ही, फिर भी मान लो बेचते ही) तो प्रति अंक 40 प्रतिशत विक्रेता कमीशन काटने के बाद हमें मिलते 15 गुणा 500 बराबर सात हजार पाँच सौ रुपये। यानी हर दिन लगभग एक हजार रुपये से ज्यादा की औसत से हर महीने साढ़े बत्तीस हजार रुपये अतिरिक्त आय। पत्रिका की प्रसार संख्या में 500 प्रतियों की बढ़ोत्तरी हुई सो अलग।

यारा जी की बहुत दिनों से यह तमन्ना थी कि वे भी एयरकंडीशंड कार में ही चला-फिरा करें। इस आदेश ने उनकी इस तमन्ना के पूरे होने के आसार बना दिए। उन्होंने तय किया कि अपनी खटारा कार किसी अपने पाठक को थमा कर कल ही नयी वातानुकूलित कार का इंतजाम करना है।

रापिविभा से सारी रकम जाहिर है आएगी मेरी अपनी नीरक्षीर प्रसार प्रचार एजेंसी के नाम। इसमें से पाँच सौ प्रतियों की कीमत पचीस प्रतिशत कमीशन काट कर यानी कुल नौ हजार पारा की प्रकाशन संस्था वर्णमाला प्रकाशन प्राइवेट लिमिटेड के खाते में दर्शाने के बाद मेरे अपने खाते में आएँगे तीस हजार के करीब। हालाँकि वर्णमाला भी मेरी अपनी ही दुकान ठहरी, पर उसमें मेरी पत्नी और सालारजंग भी हिस्सेदार हैं कि नहीं। वर्णमाला को फायदे में दिखाने का लाभ क्या? फिर कल को यदि कोई यह आरोप लगाता है कि हमने रापिविभा को पत्रिका बेची तो उससे नटने की गुँजाइश भी बनी रहेगी। कहनेवाले को चुनौती देना आसान रहेगा कि वह जब चाहे वर्णमाला का हिसाब-किताब देख ले और तब सिद्ध करे कि हमने कब रापिविभा को पत्रिका की एक भी प्रति बेची।

यारा जी के सामने अब तस्वीर साफ थी। इस परिवर्तन से कुछ पाठक रूठे या छूटे भी तो कोई घाटा नहीं। यदि ऐसा न करें तो तीन हजार पाँच सौ नये पाठक बनाने पर इतनी रकम आती है। उसमें से भी कुछ विक्रेता हड़प जाते, कुछ तकाजे के लिए नफीस के दौरों पर खर्च होती, कुछ प्रतियों की वापसी का भी टंटा लगा रहता।

यारा जी मानते हैं कि उन्होंने कुछ गलत नहीं किया। न तो वे किसी के पिछलग्गू बन रहे हैं, न किसी यथास्थितिवादी के पक्षधर बनने जा रहे हैं। वे पत्रिका छापते हैं पाठकों के लिए। वह पाठक कौन हैं, इससे उन्हें क्या? पत्रिका की कीमत पाठक

की जेब से आ रही है या किसी प्रतिष्ठान से, वे क्यों ताका-झांकी करें? जो रकम आएगी वह लगेगी तो पत्रिका में ही न। उनका अपना क्या है—एक फुलका खाते हैं, एक कोने में पड़े रहते हैं। यह बात सब जानते ही हैं, मैं खुद के तर्पण में यह लिख जो चुका हूँ।

रहा सवाल संपादकीय का, सो व्यस्तताओं के चलते भी तो छोटा लिखा जा सकता है। वे विचारहीन होने थोड़े ही जा रहे हैं। आगे भी आग उगलेंगे। हाँ, वह आग अब दूसरी पत्रिकाओं के पन्नों पर दिखेगी। आखिर समकालीन पत्रिकाओं के प्रति उनका भी सहयोग भाव बनता है या नहीं? कोई नैतिक, वैचारिक, साहित्यिक, किसी भी किस्म का समझ लीजिए, क्या फर्क पड़ता है?

कल जो सवाल उठ खड़े हो सकते हैं, उनके जवाब आज ही तलाशने में मशगूल हो चुके यारा जी ने तय किया कि यदि कोई खोजी श्वान कुछ कहेगा, खोज लाएगा, दूर की कौड़ी उठा लाएगा, तो हमेशा सेठों या सरकार के सहारे क्रांतिकारी पत्रकारिता करते रहे उन श्वानों के आगे पहले तो हड्डी ही फेंकेंगे, फिर भी न माने तो दुत्कारने, पत्थर मारने का अधिकार तो है ही, फिर उन्हें गरियाने के लिए अपना घरू बुलडाग भाभा सिन्हा भी तो कुछ नमकहलाली दिखाएगा ही।

सब कुछ तय कर लेने के बाद यारा जी ने अपनी वही क्रिया दोहराई, एकांत में भी—यानी, दे ताली। फिर शाम के साथियों को न्योतने के लिए टेलीफोन को गले लगा लिया, साथ ही एक और कागज सामने फैला कर उस बचत का हिसाब लगाने लगे जो एकमुश्त पाँच लाख रुपये उन्हें इस शर्त के साथ आभा वितान के न्यास से मिली थी कि पारा का एक अंक आभा जी के संपादन में प्रकाशित किया जाएगा।

यारा जी के पास समय का नितांत अभाव है। उन्हें ढेरों काम निबटाने हैं। सभी फटाफट। उनकी जान को एक नहीं अनेक आफतें हैं। पत्रिका निकालनी है। पत्रिका वंचितों की लगे, इसके लिए ऐसी रचनाएँ तलाशनी हैं, जिन्हें छापने से पत्रिका की यह छवि बरकरार रहे। ऐसी रचनाएँ तलाशने के दौरान यह भी ध्यान रखना है कि वे रचनाएँ वंचितों की तो हों, लेकिन आर्थिक रूप से समृद्ध वंचितों की हों, न कि ऐसे वंचितों की जो पारा से पारिश्रमिक की भी उम्मीद लगाएँ। भले ही उनके पास बेहतर संभावनाओं वाली रचनाएँ हों। उन्हें छापने का अवसर देने से बेहतर और कहीं अधिक लाभकारी है ऐसे वंचितों को छापना जो जाति के आधार पर तो उस श्रेणी के हों लेकिन गाँठ के धनी हों। रहा सवाल उनकी रचना के बचकानी या कमजोर होने का, सो उसका इलाज यारा जी के पास हरदम रहता है। अपने शुभचिंतकों, बैठकबाजों से ऐसी रचनाओं की तारीफ में ऐसे-ऐसे खत और दमदार दलीलों से

भरी प्रतिक्रियाएँ लिखवा कर छापते रहो कि यदि कोई सचमुच उन रचनाओं को कमतर कहना भी चाहे तो उसकी कहने से पहले ही बोलती बंद हो जाए।

अब यारा जी यह सब न करें तो क्या करें। अवसरों से ही नहीं धन से भी वंचितों को अवसर कैसे दें? दें तो फिर उनका अपना गुजारा कैसे हो? जब तक अपनी पत्नी की कमाई पर ऐश करते रहे तब तक इस तरह नहीं सोचना पड़ता था। तब तो जैसी भी रचना आई, अपने प्रकाशन से छाप देते थे। बिकी बिकी, नहीं बिकी न बिके। उनकी बला से। प्रकाशन को घाटा होता हो, हो। प्रकाशन में रकम तो उनकी ससुरालवालों की लगती थी। यारा जी को उन लोगों ने उस झमेले में न फँसाया होता तो रचनात्मक लेखन करते। उन्होंने उनसे रचनात्मक लेखन का कीमती समय छीनने का जो अपराध किया था उसे उनकी पूँजी स्वाहा करके क्षम्य बनाने का अहम दायित्व यारा जी पूरी मुस्तैदी से निभाते थे। वर्षों निभाते रहे।

यही मिजाज पत्रिका के मामले में भी बना रह सकता था यदि वे अब भी पत्नी के पास रह रहे होते। वह तो हुआ यह कि जैसे ही पत्नी नौकरी से रिटायर हुईं और हरदम घर में बनी रहने लगीं, यारा जी की तमाम हरकतें उनकी नजरों के सामने पड़ने लगीं। ठीक तभी यकायक यारा जी को दो इलहाम एक साथ हुए। एक तो यह कि उनमें अपनी पत्नी के प्रति सेक्स की फीलिंग मर चुकी है। वजह यह है कि वह नितांत घरेलू किस्म की महिला है। वह भी दक्षिणपंथी सोचवाली, जबकि वह स्वयं ठहरे घोर वाम और वामा पंथी। दूसरा इलहाम यह हुआ कि उनकी पत्नी उनकी दोस्त होने के लायक तो है लेकिन पत्नी होने के लायक नहीं। इन इलहामों का होना था कि यारा जी ने रकम बटोरनी और अंदर करनी शुरू की। जब देखा कि पारा के जरिए इतना कमाया जा सकता है कि अपना ठाठ-बाट तना रहे, तब एक रोज पत्नी को अलविदा कह, उसे नितांत अकेला छोड़ अलग रहने लगे।

इसके बाद रुपयों की खातिर यारा जी ने तमाम तरह के समझौते करने शुरू किए। कभी कहीं से पुरस्कार न लेने के पक्षधर यारा जी उस राज्य का पुरस्कार लेने जा पहुँचे जिस राज्य की सरकार उनकी घोषित विचारधारा के एकदम प्रतिकूल आचरण की दोषी ठहराई जा रही थी। उस राज्य में उस मुख्यमंत्री के नेतृत्व में राज्य की दिन दूनी रात चौगुनी तरक्की के विज्ञापन हर अंक में छापने लगे जिसे इस देश के माथे पर एक पूजा स्थल ढहाने के रूप में कलंक का सबसे बड़ा टीका लगाने का कुश्रेय है। उस रेल व्यवसायी युगल की रचनाएँ पारा के हर दूसरे-तीसरे अंक में छापने लगे जो बेइंतहा आर्थिक लाभ पहुँचाने में समर्थ था, भले ही उनकी रचनाएँ मौलिक तक न हों। किसी भी प्रदेश या मंत्रालय में रसूख रखनेवाले लेखक कम अफसर और दलालों को बड़े से बड़े लेखक से कहीं ज्यादा तवज्जो देने लगे। उनके आदर-सत्कार में इस कदर जुटे दिखाई देने लगे गोया वही उनके आराध्य हों।

धनाढ्य और साहित्य में रुझान रखनेवाली महिलाओं की महत्त्वाकांक्षा को हवा देने लगे। उनका लिखा, अनलिखा, औरों से दुरुस्त करवा कर या औरों से लिखवाकर तक अपनी पत्रिका में छापने लगे। दूसरी पत्रिकाओं को भी उन्हें छापने के लिए उकसाने लगे। कभी शहर से बाहर कदम न रखनेवाले यारा जी अब आए दिन किसी न किसी शहर में नजर आने लगे। अलबत्ता यह आना-जाना होता था दूसरों की कीमत पर ही। यानी आने-जाने का हवाई जहाज का किराया या फिर रेल के वातानुकूलित यान का किराया पाने पर। शहर का चुनाव करते समय यह जरूर ध्यान में रखते थे कि या तो वहाँ हवाई उड़ान जाती हो, या फिर सुपर फास्ट ट्रेन।

यों तो यारा जी जोड़-तोड़ में खुद ही इतने माहिर थे कि अपनी पत्रिका को जमा लेना उनके लिए कठिन नहीं था, फिर सोने में सुहागा हुआ यह कि जिन दिनों उन्होंने पत्रिका शुरू की ठीक उन्हीं दिनों एक ऐसी पत्रिका का छपना बंद हो गया जो तब तक साहित्यिक कहानियों की इकलौती और प्रतिष्ठित पत्रिका मानी जाती थी। कभी यारा जी को जिसका संपादक बनाए जाने का प्रस्ताव मिला था जिसे अस्वीकार करने का मलाल उन्हें आज तक है। एक तरह से पत्रिका निकालने की योजना उनके मन में तभी से आई थी।

हालाँकि यारा जी अपनी पत्रिका में यह घोषणा करते रहे हैं कि उनकी पत्रिका को पहली बार हिंदी के उपन्यास सम्राट ने निकाला था, लेकिन कुछ लोगों का कहना है कि यह सत्य नहीं है, यारा जी ने एक स्थानीय कालेज से यह नाम खरीदा है। पाराशर कालेज कभी अपनी सालाना पत्रिका पारा नाम से निकालता था। संयोग से कभी बहुत पहले इसी नाम से उपन्यास सम्राट भी पत्रिका निकाला करते थे। यारा जी ने नाम तो खरीदा पाराशर कॉलेज से, चूँकि यह नाम तब उसके पास था, लेकिन साहित्य जगत में अपना दबदबा बनाने के लिए घोषित यह करते हैं यह वही पत्रिका है जिसका पहले कभी उपन्यास सम्राट ने प्रकाशन शुरू किया था, यानी प्रकारांतर से वह उपन्यास सम्राट के स्वंभू उत्तराधिकारी बन बैठे।

यारा जी ने जब इस पत्रिका का प्रकाशन शुरू किया तब उनके पहले सहयोगी बने उन्हीं के गृहनगर के एक और साहित्य प्रेमी नारा जी। कई साल तक वह उनके साथ रहे। इन सालों में चूँकि कभी भी पारा में उनकी एक भी सलाह नहीं मानी गई, यारा जी ने उन्हें महज प्रूफरीडर की हैसियत ही बख्शी, सो वे उनसे अलग हो गए। उनसे अलग होने के बाद उन्होंने खुद कथासंसार नाम से एक पत्रिका शुरू की जो साहित्यकारों को कैसी भी लगती हो, यारा जी को बहुत कष्टकर जान पड़ती है। इधर उनकी जगह यारा जी के साथ जुड़े अनलकांत जी, जो हिंदी में तो यारा जी के साथ संपादन सहयोगी हैं, लेकिन अपनी मातृभाषा में एक पत्रिका के संपूर्ण संपादक हैं।

यारा जी के कभी सहायक रहे नारा जी ने जब से यारा जी का साथ छोड़ कर अपनी पत्रिका कथासंसार का प्रकाशन शुरू किया था, यारा जी को नारा जी फूटी आँख भी नहीं सुहाते थे। यारा जी सार्वजनिक तौर पर तो कथासंसार के बारे में मौन ही रहते थे, न उसे व्यावसायिक पत्रिकाओं में गिनाते थे, न लघु, न ही साहित्यिक ही, अलबत्ता, एक-एक, दो-दो की संख्या में जब भी किन्हीं लेखकों का उनसे मिलना होता था, तब कथासंसार की सामग्री की कटु आलोचना करने से नहीं चूकते थे।

यही नहीं, नारा जी की प्रतिभा कितनी कुंद है, उसके भी कुछ उदाहरण संस्मरणों की शक्ल में सुनाना नहीं भूलते थे। अपनी दलील को जरूरत से ज्यादा दमदार करने के लिए अंत में यह भी जोड़ते थे कि नारा जी ने इतने साल यहाँ रहने के दौरान न कभी किसी रचना के बारे में यह कहा कि यह अच्छी है, या खराब है, न यही कि उसे मौजूँ होने के चलते तुरंत ले लें या कब लेना ठीक रहेगा। और रहा सवाल उनमें साहित्यिक समझ का या प्रतिभा का सो आप लोग स्वयं ही याद करने की कोशिश कीजिए कि कभी आपने पारा में उनकी लिखी दो पंक्तियाँ भी पढ़ी हैं?

इतना कहने के बाद सामने बैठे आगंतुकों को दो-चार मिनट अपनी ओर टुकुर-टुकुर देखते रहने का मौका देने के लिए यारा जी खुद फुनबतियाँ में मशगूल होने का अभिनय करने लगते। फिर धीरे से इतना और जोड़ दिया करते थे कि—जबकि आप खुद ही शिकायत कर रहे थे अभी कि पारा में कई बार आपकी नजर में बहुत बचकानी रचनाएँ तक देखने को मिलती हैं यानी यहाँ कमजोर रचनाएँ भी यदा-कदा मौका पा जाती हैं।

फिर कभी सचमुच किसी से फोन पर बतियाते, कभी सिर्फ नंबर डायल करते, फिर फोन रखते, फिर डायरी देखते, कोई नंबर मन ही मन घोकते, फिर फोन का चोगा उठा नंबर डायल करते। कब केवल नंबर मिलाना है, कब सचमुच बतियाना है, यह इस मूल्यांकन पर निर्भर करता था कि यारा जी की नजर में सामने श्रोता की हैसियत से विराजे महानुभावों में धैर्य कितना है? किसी दूसरे से फोन वार्ता में वे तभी मशगूल होते, जब सामनेवालों को कुछ और सूचनाएँ इस भंगिमा के साथ देनी हों जिसमें ऐसा न लगे कि उन्हें कुछ बताया जा रहा है, बल्कि ऐसा आभास हो कि उनकी वहाँ उपस्थिति उन्हें इन सूचनाओं से सन्नद्ध कर गई। उसे ऐसा लगे कि यारा जी इस बेध्यानी में फोन के दूसरी तरफ मौजूद व्यक्ति से बेतकल्लुफी से बतिया गए कि वे अपने केबिन में नितांत अकेले हैं। सामनेवाले को यदि सचमुच ऐसा न लग रहा हो तो यारा जी खुद ही उसे ऐसा ही है, यह मानने को बाध्य कर देते थे, जब वह फोन रखकर यकायक कहते थे कि अरे, तुम अभी यहीं विराजे हुए हो!

ऐसे में सामने बैठे लेखकों-पाठकों को अपना उनके पास आना और भी सार्थक जान पड़ना स्वाभाविक ही कहा जाएगा। उसे यह आभास होने लगता था, गोया अब जो कुछ वह सुन पा रहा है, वह उसे यारा जी नहीं, कोई और बता रहा है। ये बातें प्रायः किसी और लेखक की तिकड़मों, छल या प्रेम-प्रसंगों से बावस्ता होती थीं। अलबत्ता यह जानना संभव नहीं होता था कि फोन के दूसरे छोर पर वाकई कोई है या यारा जी एकालाप में तल्लीन हैं।

यारा जी दो मिनट को उनसे मिलने आए लेखक-पाठक को नारा जी के बारे में सूचनाओं से सन्नद्ध करने के बहाने घंटों अपने सामने बैठाए रखते थे। इस बीच जो भी स्थानीय लेखक-पाठक उनके दफ्तर तक आता या उनके कर्मचारियों के संपर्क में आता, उसे यह खबर हो जाती थी कि यारा जी के दरबार में आज फलाँ शहर के लेखक या पाठक आए थे। घंटों जमे रहे, जाने क्या-क्या अनुनय-विनय करते रहे। उधर वह लेखक या पाठक इस आत्मविश्वास के साथ लौटता था कि यारा जी ने उसे खासा महत्त्व दिया। इतनी अंतरंग बातें बताईं। उससे कोई पर्दादारी नहीं की। खूब साहित्य चर्चा की।

कथासंसार और उसके संपादक नारा जी के बारे में निश्चित तौर पर और अंतिम रूप से यारा जी की वही राय थी, जो ऊपर बताई जा चुकी है। फिर भी जब पारा में उनके अपने लिखे आलेख छपने के अवसर उन्हें खुद ही त्यागने पड़े, राष्ट्रपिता विश्वभारती का हाथ थामते ही उनके अपने हाथ बँध से गए, तब यारा जी ने अपने महान क्रांतिकारी उद्‌गारों के प्रकाशन का पहला अवसर कथासंसार को ही दिया।

कथासंसार में एक नामालूम से लेखक के साथ साहित्यवार्ता में यारा जी ने जम कर अनर्गल प्रलाप किया। अपनी लेखिका पत्नी की यौनाकर्षणहीनता का रोना रोया। अपने को कामदेव का कलयुगी अवतार सिद्ध करते हुए दर्जनों महिलाओं से अपने दैहिक संबंधों का बखान करके अपने को जवाँमर्द साबित किया।

यह सब कहते-बखानते समय उन्होंने जरा भी यह नहीं विचारा कि उससे उनके संपर्क में आई लेखिकाओं की छवि खुद अपने परिवार में और साहित्यिक समाज में कितनी मैली और संदेहास्पद हो जाएगी। लोग उन्हें किस नजर से देखेंगे, कैसे शर्मनाक और संकटपूर्ण प्रस्तावों से उनका सामना होने की संभावना जन्म लेगी। आखिर यारा जी को जिन स्त्रियों के साथ वर्जनाहीन संबंध कायम करने का अवसर मिला होगा, वे उनकी तपस्या भंग करने के लिए इंद्र द्वारा स्वर्ग से भेजी गईं उर्वशी, मेनका या रंभा तो रही नहीं होंगी। स्वयं यारा जी ने भी हवाई खर्च देकर सुदूर प्रदेशों या देशों से अनजान, अज्ञात कुलशील की बालाएँ नहीं बुलाई होंगी। किसी वर्जित क्षेत्र की सीढ़ियाँ भी यारा जी कभी नहीं चढ़े होंगे, जहाँ समाज की सताईं, ठुकराईं

अबलाएँ देह व्यापार को अभिशप्त होती हैं। वे यारा जी के घर-आँगन में झाड़ू-बुहारी करनेवालीं, चौका-बर्तन करनेवालीं, साफ-सफाई करनेवालीं श्रमिक वर्ग की मजबूर-मजलूम माँएँ, पत्नियाँ भी नहीं ही होंगी? तब ले-देकर बचती हैं केवल वे लेखिकाएँ और पाठिकाएँ जिनको कभी न कभी साहित्यिक प्रयोजनों से यारा जी के संपर्क में आना पड़ा होगा।

अपनी साहित्य कम और संभोग चर्चा ज्यादा वाली इस वार्ता में यारा जी ने अपनी ओर से एक मौलिक स्थापना दी कि साहित्यकार जो होता है उसमें काम के प्रति अभिरुचि ज्यादा होती है।

दरअसल इस तथाकथित मौलिक स्थापना को प्रस्फुटित करने के लिए ही यारा जी ने खुद ही यह चर्चा नियोजित की थी। अनजान सा लेखक चर्चा के लिए इसीलिए चुना था, ताकि वह उनकी स्थापना पर गदगदायमान हो जाए और यह प्रति-प्रश्न उसके दिमाग में उपजे ही नहीं कि यारा जी, यह कोई मौलिक स्थापना नहीं, अलबत्ता अपने पूर्ववर्ती की सात्विक स्थापना—लेखक के लिए जरूरी है पत्नी के अलावा एक प्रेयसी भी—की अश्लीलतम व्याख्या जरूर है।

यारा जी का साक्षात्कार कथासंसार के लिए पाकर नारा जी बेहद उत्साहित हो आए। उन्हें इसमें अपनी दोहरी जीत नजर आई। पहली तो यही कि कल तक जो यारा जी उनकी पत्रिका के नाम को लेकर उसका उपहास यह कहकर उड़ाया करते थे कि नाम कथासंसार रख लेने से क्या होता है, वह है तो कथा की एक गली क्या एक आला तक नहीं। उन्हीं यारा जी को आखिर अपनी बात पाठकों तक पहुँचाने के लिए उनके पन्नों पर बिछना मंजूर करना पड़ा। जाहिर है यारा जी केवल किसी एक आले तक तो अपनी बात पहुँचाना नहीं चाहते होंगे, इसका मतलब हुआ वे भी मानने लगे हैं कि हमारी पत्रिका कथा-आला नहीं कथासंसार ही है।

नारा जी को लगा, इस बहाने वे गुरु ऋण से भी उऋण हो लेंगे। यारा जी के साथ कई साल काम करने के बाद भी यारा जी भले ही उन्हें आज अपने पूर्व सहयोगी नहीं, अभूतपूर्व असहयोगी के रूप में याद करते हों, यही लोगों को बताते-जताते भी हों, जैसा कि कई लोग नारा जी को बता चुके हैं कि उनका जिक्र आने पर यारा जी किन शब्दों में अपनी राय प्रगट करते हैं, लेकिन नारा जी उन्हें अपना गुरु ही मानते हैं। नारा जी सार्वजनिक तौर पर यह कहते नहीं शर्माते कि उन्होंने यारा जी के यहाँ से बहुत कुछ सीखा है।

साहित्यिक बिरादरी के ऐसे लोग जिनका दोनों से साबका पड़ा हो, उनका मानना है कि यारा जी और नारा जी में कई समानताएँ हैं। कई लोगों का तो यहाँ तक कहना है कि यारा जी और नारा जी में केवल यही अंतर है कि एक हाथ में लाठी, आँखों पर काला चश्मा और पोंदों के नीचे कार रखता है, दूसरा नहीं। जिस

दिन दोनों के पास ये तीनों चीजें हो जाएँगी उस दिन के बाद दोनों में भेद करना मशक्कत का काम हो जाएगा।

हाल-फिलहाल तक तो दोनों की पसंद, दोनों के आराध्य, दोनों के लक्ष्य, दोनों के स्रोत लगभग एक जैसे हैं। दोनों ही ऐसे सरकारी अफसरों के दम पर अपना-अपना परचम फहरा रहे हैं, जो रिश्वतखोरी का थोड़ा हिस्सा इनके पास भी पहुँचाते हैं। इसलिए पहुँचाते हैं कि उन्हें यह गलतफहमी होती है कि वे जन्मजात रचनाकार हैं। अपनी रचना को प्रकाशित देखना उनके लिए तभी संभव हो पाता है जब वे कुछ पत्रिकाओं को इतनी मदद दिलवाते रहें कि वे निरंतर छपती रहें और वक्त आने पर उनकी रचना भी छाप सकें। इसके लिए उन्हें अपनी जेब से तो कुछ देना नहीं होता। रिश्वत देने आए आसामी को ही संकेत देना होता है कि चौथ का चौथा हिस्सा उधर भी पहुँचा दे। इससे उनकी रचनाएँ छपने की, उन रचनाओं की तारीफ की, उन रचनाओं पर इनाम-इकराम पाने की, तरक्की तक पाने की संभावनाएँ तो बनी ही रहती हैं, जिससे रिश्वत ली जा रही होती है, कई बार तो उसकी निगाह में भी अफसर जी की छवि रिश्वतखोर से कहीं अधिक साहित्य-संस्कृतिधर्मी, प्रेमी और समाजसेवी की बन जाती है।

हालाँकि यह आरोप केवल इन दो साहित्यिक संपादकों पर लगाना ज्यादती होगी। इन दिनों जितनी भी साहित्यिक पत्रिकाएँ साया हो रही हैं, जितनी भी किताबें प्रकाशित होकर सामने आ रही हैं, उनमें अधिकांश ऐसे लोगों के सौजन्य से आ पा रही हैं जो किसी न किसी ऐसे महकमे में हैं, जहाँ ऊपर की आमदनी आसानी से और वह भी बहुतायत में सुलभ हो जाती है। ऐसे लोगों को अपनी रचना के प्रकाशन के लिए प्रकाशक को सीधे-सीधे धन देने में या उसकी खरीद करवाने में जरा भी देर नहीं लगती। अपनी या अपने चेलों-चांटों की रचनाएँ छपने के अवसर बने रहें इसके लिए साहित्यिक पत्रिकाओं को धन वह चाहे नकद नारायण के रूप में हो या विज्ञापन आदि के रूप में, दिलवाने में जरा भी संकोच नहीं होता। संपादक और प्रकाशक की तो मजाल क्या जो उनके सामने कुर्सी पर बैठा रहे या उनके आने और जाने पर दरवाजे तक उनके स्वागत और विदाई के लिए पैदल पाँव न आए, भले ही चलना उसके लिए सबसे दूभर काम ही क्यों न हो।

ऐसे साहित्य-प्रेमी अफसरों के अलावा साहित्यिक पत्रिकाओं या पुस्तकों को मदद देने में जो दो-एक और स्रोत काम कर रहे हैं, उनमें एक तो सर्वज्ञात स्रोत है सरकारी खरीदें जिनमें राजभाषा के नाम पर, शिक्षा के नाम पर, साहित्य के नाम पर ढेरों ढेर जिल्दें खरीदी जाती हैं। यहाँ भी प्रकारांतर से वही अफसर सहयोगी सिद्ध होते हैं, जो लेखन में भी रुचि रखते हैं, लेकिन मूलतः और समग्रतः यह खरीद-फरोख्त उन महकमों के रिश्वतखोर अफसरों के दम पर ही संभव होती है,

जो प्रकाशकों से चढ़ावा लेकर ही उनकी किताबों का बंडल अपने रजिस्टर में चढ़ाते हैं। एक अन्य स्रोत जो है वह है कुछ ऐसे विरले ट्रस्ट या न्यास जिन्हें अपना धन ऐसे ही कामों पर स्वाहा करना होता है। वे भी किताबों की छपाई में अपना आर्थिक योगदान देना नैतिक और सैद्धांतिक कर्तव्य समझते हैं।

इन सबके अलावा एक और स्रोत जो है सो वह है ऐसे गाँठ के धनी व्यवसायी, व्यापारी, उद्योग घरानों के वे महापुरुष या महादेवी महिलाएँ जिन्हें रचनात्मक लेखन की ललक लग जाती है और जो अपना हर वह अक्षर जो कभी उनसे कागज पर उलक्षर गया होता है उसे सुंदर कागज पर नयनाभिराम साज-सज्जा के साथ प्रकाशित रूप में देखना चाहते हैं। इसी श्रेणी में आती हैं वे महिलाएँ जो खुद भले ही धनवान न हों लेकिन जिनके पति परमेश्वर या अनन्य प्रेमी किसी ऐसे महकमे में विराजते हों जहाँ ऊपरी आमदनी का झरना दिन-रात झरता हो। अपनी प्रिया या पत्नी की साहित्यिक खुशफहमी को जिलाए रखने के लिए वे उस झरने से एकाध लोटा साहित्यिक पत्र-पत्रिकाओं के संपादकों या ऐसी पुस्तकों के प्रकाशकों के परनाले की ओर भी बहा देने में गुरेज नहीं करते।

नारा जी की नजर में यारा जी की रचना उन्हें मिल जाने का जो दूसरा लाभ होने जा रहा था वह इस ऋण से उऋण होनेवाले मामले से कहीं ज्यादा अहम था। इस इकलौती वार्ता ने तो जैसे नारा जी की तिजोरी तक धन वर्षा के आसार पैदा कर दिए थे।

नारा जी ने जब से पत्रिका शुरू की थी, तभी से उनकी यह हार्दिक इच्छा थी कि उन्हें भी उदार, समृद्ध और महत्त्वाकांक्षी पणिपुत्री का स्नेह मिले। उनका स्नेह जिस पर भी झरता था, उसके आर्थिक अभाव दूर हो जाना लाजिमी समझा जाता था। यारा जी के पास वर्षों रहे नारा जी से ज्यादा भला इस सचाई को कौन जान सकता था। यों तो साहित्य जगत में ऐसे कई धुरंधर थे जिन्हें पणिपुत्री जी से उपकृत होने का अवसर मिला था, उपकृत शब्द यहाँ किसी को बुरा लग सकता है सो इसे वापस लिया जाता है और उन लोगों की भावनाओं के अनुरूप दूसरा शब्द जो संभवतः उन्हें सटीक जान पड़े—प्रतिदान दिया जाता है। नारा जी की ख्याति तो इस रूप में भी थी कि पणिपुत्री जी की दानवीरता का कोई किस्सा सुनाने के बाद सुनाने वाला सुननेवाले से कहता था यदि मेरे कहे पर यकीन न हो तो नारा जी से पूछ लेना। और नारा जी यदि हाँ भर दें तो फिर उस वाकये को प्रामाणिक मान लिया जाता था।

नारा जी ऐसे मौकों पर हाँ भरने से पहले यह बताना जरूरी समझते थे कि दरअसल पणिपुत्री जी के पतिदेव जो हैं वे एक बड़े बिल्डर हैं। अपनी प्रिय पत्नी के, आग्रह पर साहित्यिक बिरादरी को कुछ दे देना उनके लिए वैसा भी नहीं है

जिसके लिए क्षीरसागर से एक ओक जल वाली कहावत को मिसाल के तौर पर इस्तेमाल किया जा सके। उन्हें तो बल्कि इतनी छोटी-छोटी रकम देते संकोच होता है, लेकिन बेचारे करें तो क्या करें, पत्नी की सनक जो बेइज्जती न कराए सो ही गनीमत जानिए।

नारा जी ने जब से पत्रिका शुरू की तब से वे कई बार कई शुभचिंतकों और ऐसे मित्रों के साथ पणिपुत्री जी के निवास पर हो आए थे जो दोनों के ही समान रूप से परिचित रहे हैं। प्रायः हर अंक के आने के बाद उन्हें संयोग से ऐसा कोई न कोई काम जरूर आ घेरता था जिसे पूरा करने के लिए उन्हें सशरीर उस दिशा में जाना पड़ता था, जिस दिशा में पणिपुत्री जी का निवास था। ऐसे अवसर आने पर पणिपुत्री से भी भेंट करते हुए न चलना, उन्हें नये अंक की प्रति न देना, नारा जी को नैतिक रूप से अनुचित लगता था, सो वे कई बार या कहिए महीने में एक बार बिना किसी बिचौलिए के भी पणिपुत्री जी के घर का फेरा लगा आया करते थे।

इस सबके बावजूद नारा जी का श्रम कोई सुफल नहीं दे पा रहा था, इसकी इकलौती वजह यह थी कि पणिपुत्री जानती थीं कि यारा जी नारा जी को पसंद नहीं करते। नारा जी की तरक्की में यारा जी की जरा भी रुचि नहीं, और पणिपुत्री जो थीं, वे पूरी तरह यारा जी के डिस्पोजल पर। उन्हीं का बताया पढ़ना, उन्हीं का बताया लिखना, उन्हीं का बताया ओढ़ना, उन्हीं का बताया बिछाना, उन्हीं का बताया निगलना, उन्हीं का बताया उगलना, उन्हीं का बताया टीपना, उन्हीं का बताया ताकना वाली स्थिति में थीं। हों भी क्यों न? यारा जी दिन-रात उनकी तारीफ करते नहीं अघाते थे। उनकी चर्चा करवाने को सदा तत्पर रहते थे। उन्हें अपनी निर्मिति मानते थे। उनका डंका पीटते थे, उनका डंका न पीटने वालों को अपनी पत्रिका के पन्नों में खुद भी दे-दनादन पीटते थे, अपने गण भाभा से भी पिटवाते-नुंचवाते थे।

यारा जी जब कुछ अर्सा तक प्रसार भारती के सदस्य रहे, जहाँ के लिए सबका मानना तो यह है कि वे लेखकों के प्रतिनिधि के रूप में वहाँ थे, लेकिन खुद यारा जी का कहना है कि वे वहाँ पिछड़ी जातियों के प्रतिनिधि के रूप में थे, बहरहाल, जो भी वजह रही हो, लेकिन जब वह वहाँ से हटा दिए गए तब उन्हें केवल एक बात का अफसोस रहा कि वे वहाँ रहने के दौरान पणिपुत्री जी की किसी रचना पर धारावाहिक का निर्माण शुरू नहीं करा सके। इस संबंध में कागजी कार्यवाही तो शुरू हो चुकी थी, पणिपुत्री जी का अनुबंध भी तैयार हो चुका था, अपने ही दामाद को उस धारावाहिक का निर्देशन करने का दायित्व सौंपने के नाम पर वह पणिपुत्री जी से खासी रकम उन्हें अग्रिम भी दिला चुके थे, चूँकि उस प्रस्तावित धारावाहिक की निर्मात्री पणिपुत्री की ही एक पुत्री होने जा रही थीं, पर सरकारी

तौर पर यह तमाम योजना स्वीकृत हो पाती कि इससे पहले ही यारा जी को वहाँ से हट जाना पड़ा और उनके मन की साध मन ही में रह गई।

नारा जी यह सब न जानते हों, ऐसा नहीं था, लेकिन वे भी अपनी धुन के एक ही पक्के नमूना। लगे रहो किनारे से कभी तो लहर आएगी वाली नारा जी की लगन आखिर काम आ ही गई। यारा जी का उन्हें अपनी वार्ता देना नारा जी की नजर में वही तो लहर थी जिसका उन्हें इंतजार था। अब पणिपुत्री जी को साधना नारा जी को अपने बाएँ हाथ का काम लगने लगा। नारा जी को उम्मीद बँधी कि जैसे ही उनकी पत्रिका में यारा जी की वार्ता छपेगी, पणिपुत्री उन पर वरद हस्त रखने में संकोच करना छोड़ देंगी। नारा जी लगे हाथ अपनी ओर से कुछ ऐसा भी कर गुजरना चाहते थे जो सीधे-सीधे पणिपुत्री से बावस्ता हो या जिससे उनका हित हो। नारा जी ने तय किया कि पत्रिका तो जैसी निकल रही है निकलती ही रहेगी, वे अपना पूरा ध्यान अब इस ओर लगाएँगे कि ऐसा क्या कर गुजरें जिससे पणिपुत्री जी का कोई हित सधे?

जैसी संभावना थी, आशंका भी थी, यारा जी की वार्ता ज्यों ही कथासंसार में आई, एक विवाद उठ खड़ा हुआ। जिसे देखिए वही यारा जी की थू-थू करने पर उतारू। यहाँ तक कि उनकी शांत और धैर्यवान पत्नी तक ने अपनी लिखित प्रतिक्रिया कथासंसार तक पहुँचाई।

सभी प्रतिक्रियाएँ देना तो यहाँ संभव नहीं, नमूने के तौर पर एक दी जा रही है, इसे पढ़कर आप स्वतः अंदाज लगा सकेंगे कि शेष भी कैसी होंगी। यहाँ जो प्रतिक्रिया दी जा रही है वह हिंदी के एक युवा लेखक की है जो भेजी तो गई थी कथासंसार में छपने के लिए, लेकिन डाकिए की असावधानी से जा पहुँची किसी और पते पर।

"अर्सा पहले जब 'आज का साहित्य' में यारा जी की पत्नी का आत्मकथ्य प्रकाशित हुआ था, तभी से यह उम्मीद की जा रही थी कि यारा जी बहुत जल्द अपनी पत्नी पर पलट वार करेंगे। लेकिन इस उम्मीद के बावजूद यह किसी ने कतई नहीं सोचा था कि वे कायरों की तरह कमर के नीचे वार करेंगे।

अपने आत्मकथ्य में विदुषी लेखिका ने अपने रचनात्मक लेखन और रचनात्मक लेखन के स्थगित हो जाने के कारण बताए थे। उन्होंने जहाँ अपने रचनात्मक लेखन का प्रेरक तत्त्व कथाकार यारा जी को बताया था, वहीं अपनी रचनात्मकता के स्थगित हो जाने की वजहों में पति यारा को भी शामिल किया था।

उन्होंने अपने आत्मकथ्य में बताया था कि घर-गृहस्थी संभालना, नौकरी भी करना और बिटिया का लालन-पालन भी करना, किसी भी मुहिम में पति यारा का किसी भी तरह का सहयोग न मिलना, उनका संदेही और असहयोगी स्वभाव निरंतर

उनके लेखन को नेपथ्य या लिखने की ललक को भविष्य के गर्त में धकेलता रहा।

अब कथासंसार में उदयन से बातचीत में पहली बार यारा जी ने भी न लिखने का कारण उजागर कर दिया। जहाँ उनकी पत्नी के न लिखने का कारण यारा थे, वहीं यारा के न लिखने का कारण वह निकलीं।

नवोदित लेखक उदयन से हुई बातचीत में यारा ने कहा है कि 'यह तो अब मान्य बात है कि सेक्स और रचनात्मकता का बहुत गहरा संबंध है। रचनाकार में सेक्स मुख्य होता है।'

यारा स्वीकारते हैं कि चूँकि वे भी एक रचनाकार हैं इसलिए उनमें भी सेक्स मुख्य था। इतना कि पत्नी के होते हुए भी उनके कई इतर संबंध थे। इतने घनिष्ठ कि–'मेरे एक खास संबंध की वजह से मेरी पत्नी का जो व्यवहार रहा, मुझे उसमें समझदारी का नितांत अभाव लगता रहा। एक खांटी घरेलू स्त्री की तरह वह बहुत उग्र हो उठी।'

यारा जी जिसे घरेलू स्त्री की तरह का व्यवहार या समझदारी का अभाव मानते हैं, उसे अपन जैसे लोग निष्ठा, विश्वास के नाम से जानते हैं। एक पति या पत्नी की अपेक्षा समझदारी का अभाव नहीं, एक सहज स्वाभाविक अपेक्षा ही कही जाएगी।

कमाल यह है कि एक रचना तक से असूर्यंपश्या की अपेक्षा रखनेवाले पारा के संपादक जिन्हें यह कतई गवारा नहीं कि पारा में प्रकाशन के लिए या प्रतियोगिता में आई कोई कहानी किसी और पत्रिका में भी प्रकाशन के लिए भेजी जाए या उसी दौरान प्रकाशित हो, यानी एक रचना तक से कुँवारेपन की अपेक्षा रखनेवाले यारा जी से जब पत्नी निष्ठा या विश्वास की अपेक्षा करती है तो वह उनकी नजर में परंपरावादी, घरेलू स्त्री हो जाती है।

पारा में एक सज्जन हैं अनलकांत। सहायक संपादक हैं। ये एक और पत्रिका से भी जुड़े हैं। अनामिका से। अनामिका चूँकि भोजपुरी में निकलती है इसलिए यारा जी को उससे कोई लेना-देना नहीं, लेकिन यारा जी को यह कतई गवारा नहीं कि पारा में बैठकर अनलकांत अनामिका के बारे में भी किसी से चर्चा-विमर्श करें। चूँकि वे पारा से पैसा पाते हैं इसलिए पारा कार्यालय में बैठे होने पर वे पारा को ही ओढ़ें-बिछाएँ। पारामय ही रहें। हालाँकि यदि अनलकांत किसी आगंतुक से दो-चार मिनट या घंटा-दो-घंटा अनामिका के संदर्भ में चर्चा कर भी लें तो इससे पारा पर कोई प्रतिकूल प्रभाव नहीं पड़ने का। आखिर पारा का काम देर-सवेर उन्हें ही करना है। कोई और तो करने से रहा। कोई और करनेवाला है ही नहीं।

बावजूद इसके कि अनलकांत के अनामिका के काम को थोड़ा समय दे देने से पारा पर कोई आर्थिक भार नहीं पड़नेवाला, पारा संपादक को यह पसंद नहीं। इसीलिए अनलकांत को अनामिका के हर अंक में छापना पड़ता है कि अनामिका

के लिए डाक तो पारा के पते पर भेजी जा सकती है, लेकिन निजी तौर पर पारा कार्यालय में आकर अनामिका के संदर्भ में उनसे संपर्क नहीं किया जा सकता।

तो देखा यारा जी का खुलापन और उदारता? पत्नी उनसे निष्ठा, विश्वास की अपेक्षा करे तो वह दकियानूसी, और वे खुद कहानी और कर्मचारी तक से एकनिष्ठता और विश्वास, समर्पण और शिरोधार्य की अपेक्षा रखें तो...?

यारा जी आगे कहते हैं कि—हो सकता है उस दौरान मेरी पत्नी ने मुझे ऐसा हर्ट कर दिया था—या कर दिया होगा, कि उसको लेकर मेरे मन में सेक्स की बात आनी ही बंद हो गई। सेक्स एक सीमेंटिंग फेक्टर तो होता ही है। मगर अब मेरे मन में उस तक यानी पत्नी तक पहुँचने की कोई अर्ज पैदा नहीं होती है। वह अध्याय जैसे बंद ही हो गया है।

चूँकि यारा जी कह चुके हैं कि रचनाकार के लिए सेक्स (यह शब्द इस वार्ता में बार-बार आया है। जहाँ तक मैं समझा हूँ यह शब्द संभोग के लिए इस्तेमाल किया गया है। चूँकि यारा जी ठहरे प्रबुद्ध जन, सो अपने मुँह से इतना स्पष्ट वह भी हिंदी का शब्द कैसे उचार सकते थे, हाँ रजनीश को कोट करते हुए जरूर उच्चारा है) जरूरी है, और पत्नी को लेकर उनके मन में वह इच्छा जागती नहीं थी, सो मुझ जैसा पाठक इस निष्कर्ष पर पहुँचा कि इसीलिए उनका लिखना बंद हुआ। जब जरूरी तैयारी, रियाज, औजार ही पास न हो तो प्रदर्शन, प्रस्तुति, सामना कैसे संभव होता?

लेकिन यारा जी ने ज्यादा देर मुझे इस संभावना पर टिका नहीं रहने दिया। अपने कहे को तुरंत न नकार दें तो फिर यारा जी कुछ भी कहें ही क्यों? इसके कई उदाहरण इसी बातचीत में से मैं आगे भी दूँगा। फिलहाल इसी संदर्भ का उदाहरण देखें।

तो जैसे ही मैं इस निष्कर्ष पर पहुँचा कि मुझे याद आया, वार्ताकार उदयन का एक और सवाल—कि आपके और आपकी पत्नी और हमारी जानी-पहचानी लेखिका के संबंध विच्छेद का कारण कहीं आपके इतर सेक्स संबंध तो नहीं हैं?

इसके जवाब में यारा जी ने सगर्व बताया—(यों भी कापुरुष से कापुरुष तक स्त्रियों के साथ अपनी खिचड़ी पक रही है के किस्से गढ़ने से बाज कहाँ आते हैं, बल्कि जो जितना वंचित रहता है वह उतने ही काल्पनिक किस्से सच्चाई कहकर फैलाता है, इस कुंठा और आत्म भय में कि ऐसा न होने पर कहीं लोग उसकी मर्दानगी पर शक न करने लगें। यारा जी की सगर्व घोषणा की वजह क्या है, वही जानें। बहरहाल, उन्होंने उदयन को बताया—) हो सकता है रहा हो, जरूर रहा होगा। (एक का जिक्र तो वे पहले ही कर चुके थे जिसको लेकर बकौल यारा उनसे उनकी पत्नी खासी खफा थीं) लेकिन मैंने किसी से जबरदस्ती नहीं की। कभी सौदेबाजी नहीं की। अगर सहज-स्वाभाविक ढंग से यह बात आती है तो यह आपसी समझ है।

इस मासूम कथन में काश यह भी उजागर कर दिया होता कि इन संबंधों में पहल किस ओर से हुई तो यह बड़बोलापन मुकम्मल हो जाता। बहरहाल, इसके अन्य अर्थों का खुलासा बाद में, सबसे पहले तो यह कथन यही अर्थ देता है कि पत्नी के रहते भी, यानी जब उन्हें देखकर यारा जी में सेक्स की अनुभूति होती थी तब भी और जब वह होनी बंद हो गई, तब भी, यारा जी के जीवन में सेक्स का अभाव नहीं रहा। वह भी बिना जोर-जबरदस्ती के, बिना सौदेबाजी के, सहज-स्वाभाविक ढंग से उनकी सेक्स की जरूरत पूरी होती रही। उन्हें सीमा रेखा को लाँघ कर मैत्री-संबंध बनाने में यकीन रखनेवाली मिलती रहीं। दूसरे शब्दों में कह सकते हैं कि यारा जी तो सीमा रेखा को लांघने वाली मैत्री के मुरीद हैं।

ऐसी स्थिति में मैं यह कैसे मानता रह सकता हूँ कि यारा जी के न लिखने का कारण जीवन में सेक्स का अभाव रहा होगा, जो बकौल उनके एक रचनाकार में मुख्य रूप से रहता ही है। ऐसे में लगता तो यह है कि रचनाकार को जरूरत से ज्यादा सेक्स सुलभ हो गया, नतीजा यह रहा कि वह उसी में रम गया और लिखने की फुरसत ही नहीं मिली। वह भी इस निर्दोष विश्वास के साथ कि यह तो सहज सुलभ है।

तो यारा जी के न लिखने का कारण और कुछ भी रहा हो, सेक्स का अभाव तो नहीं ही है। लगता है इसकी वजह वह रही होगी जो उन्होंने एक और सवाल के जवाब में बताई है—कि जो भी महत्त्वपूर्ण अनुभव थे आ गए, अब जो नहीं आए, महत्त्वपूर्ण नहीं थे।

इसका सीधा अर्थ क्या यही नहीं हुआ कि—यारा जी पिछले तीन दशक से अनुभवहीन जीवन जी रहे हैं या इतने असंवेदनशील हो गए हैं कि कोई भी अनुभव उन्हें उद्वेलित ही नहीं करता?

लेकिन यारा जी यह भी कहते हैं कि—मैंने कभी भी अपनी किसी कमजोरी को हावी नहीं होने दिया। हालाँकि यह जवाब उन्होंने सेक्स संबंधों के संदर्भ में दिया है जिसका सरलतम अर्थ यह निलकता है कि सेक्स संबंध तो बनाए पर किसी को ब्लैकमेल नहीं करने दिया, या घर में ही नहीं डाल लिया। क्षमा कीजिएगा, इतनी घृणित व्याख्या के लिए, लेकिन क्या करूँ, जो व्यक्ति पत्नी के प्रति सेक्स की अनुभूति न होने मात्र से उसे छोड़कर अलग अकेला रहने की विवशता झेलता हो, उसके संदर्भ में स्त्री के बारे में ऐसी ही शब्दावली में बात को स्पष्ट किया जा सकता है।

तो यारा जी जब जानते हैं कि कोई भी कमजोरी (वृहद अर्थ और संदर्भों में) उन पर हावी नहीं हो सकती, तब इस न लिखने की कमजोरी को क्यों हावी होने दिया हुआ है?

इसकी पड़ताल करने बैठें तो फिर वही सेक्स (मानना पड़ेगा कि रचनाकार में ही नहीं, विवेचनाकार में भी प्रमुख होता है) सामने खड़ा है। वह यों कि इधर यारा जी ने जो दो कहानियाँ हाल-फिलहाल छपवाईं, नयी तो लिखी नहीं, पुरानी ही, दोनों का विषय सेक्स ही निकला।

पत्नी को लेकर उनमें सेक्स की अनुभूति क्यों नहीं होती थी इसकी एक और वजह यारा जी ने बताई है कि हमारे ज्यादातर मतभेद सोचने के ढंग और वैचारिक विरोधाभास के थे। जैसे वह लगभग भाजपाई है, मैं उसका कट्टर विरोधी।

ताज्जुब की बात कि लगभग भाजपाई पत्नी को तो यारा जी ने क्षणभर में छोड़ दिया लेकिन संपूर्ण और घोषित भाजपाई प्रसार भारती को छोड़ने का मन कभी नहीं बनाया। बल्कि जब वहाँ से जबरन निकाल बाहर कर दिए गए तब इस बात पर दिनों-महीनों स्यापा किया। हो-हल्ला मचाया।

काश, यारा जी यहाँ यह भी बता देते कि उनके जिन अन्य स्त्रियों के साथ सेक्स संबंध रहे हैं वे कौन हैं और उनमें कोई भाजपाई भी है या नहीं? मान लीजिए नहीं ही होगी, तो जरूर उनके पति भाजपाई होंगे। तभी न उनके मन में अपने पतियों को लेकर सेक्स की अनुभूति नहीं होती होगी, इसलिए वे अपने समान विचारों वाले यारा जी से सहज, स्वाभाविक, जिसमें कोई सौदेबाजी नहीं, कोई जबरदस्ती नहीं, ऐसे सेक्स संबंध बनाने आती होंगी। क्योंकि अगर उनके पति उनकी समान विचारधारा के होते तो उन्हें इतर पुरुष से संबंध की जरूरत ही पेश न आती। जैसी कि यारा जी को आई। और जरा यह भी बता देते कि उनमें से कितनों ने अपने पतियों को छोड़ दिया। क्योंकि जिनके साथ विचार के स्तर पर समानता न हो, ऐसे पति या पत्नी का अपने साथी के साथ एक ही छत के नीचे रहना संभव ही नहीं। होता तो यारा जी भी न रहते रहे होते। जरूर उन्होंने भी अपने पतियों को छोड़ दिया होगा, क्योंकि जिस पति या पत्नी के साथ वैचारिक मतभेद हो, जिसे लेकर सेक्स की अनुभूति न होती हो (चाहे वह उम्र के तकाजे की वजह से ही संभव न हो) उसके साथ रहा तो नहीं ही जा सकता। हाँ, बकौल यारा जी ही—पत्नी के संदर्भ में इन्हीं वजहों से—मुझे लगता है कि हम लोग दोस्त तो बहुत अच्छे हो सकते हैं पति-पत्नी नहीं।

यारा जी और उनकी पत्नी में किस तरह के वैचारिक मतभेद थे, उनमें से एक मतभेद का गवाह तो मैं भी हूँ।

एक रोज पारा कार्यालय में यारा जी की पत्नी की मौजूदगी में उनके नौकर की चर्चा चल निकली। प्रसंग यह था कि वे चिंतित थीं कि हम देर से घर पहुँचेंगे। वह बेचारा इंतजार में बैठा रहेगा। फोन खराब है सो उसे बताया नहीं जा सकता कि क्या बना ले। अब जब हम पहुँचेंगे तब वह खाना बनाना शुरू करेगा।

करते-कराते यारा जी ने अपने एक पुराने नौकर का जिक्र छेड़ दिया। बोले, साला एक बार में पंद्रह रोटी डकार जाता था। यह सुनना था कि उनकी पत्नी आग बबूला हो उठीं। उन्होंने यारा जी को आड़े हाथों लिया। बोलीं, तुम जनवादी लेखक संघ के राष्ट्रीय उपाध्यक्ष हो और तुम्हारा आकलन यह है? तुम उसकी रोटियाँ गिनते थे? कब? कैसे? जबकि उसे रोटी तो मैं परोसती थी। वह तो रसोईघर में ही खाना खाता था। तुम्हारे सामने तो उसने कभी खाना खाने की हिम्मत की नहीं होगी। मैंने तो कभी उसकी रोटियों पर ध्यान तक नहीं दिया। फिर यह ध्यान देने की बात भी कहाँ थी? पेट से बाहर तो नहीं ही खाता था न।

वे यहीं तक नहीं रुकीं, उन्होंने आगे कहा, तुमने उसकी रोटियाँ तो गिनीं, यह कभी ध्यान नहीं दिया कि तुम्हारे दोस्तों की पार्टियाँ आधी-आधी रात तक चलती हैं। जब वे खत्म होती हैं तब सारा काम समेट कर हमारे नौकर को सोना नसीब होता है। सुबह तुम्हें साढ़े चार बजे उठने की आदत है, सो नौकर को भी उसी समय उठ कर तुम्हें चाय देनी होती है। ताज्जुब है, तुम्हें यह सब याद नहीं आया। उसका जिक्र तुमने नहीं किया। किया तो रोटियों का, जो जरूर तुम कनखियों से देखकर गिनते होओगे। जो सामने दिखता था वह नहीं बताते।

तो साहब इस मतभेद के तो अपन चश्मदीद गवाह हैं।

मुझे लगता है यारा जी ने अपनी पत्नी का घर इसलिए छोड़ा क्योंकि वह एक मर्द हैं, वही मर्द जिसका विवरण उनकी पत्नी ने अपने आत्मकथ्य में दिया था।

यारा जी ने बहुत कम समय नौकरी की। यारा जी ने जैसा कि इस बातचीत में भी बताया है, अपनी पांडुलिपि देते समय रॉयल्टी अग्रिम ले लेते थे। उन दशकों में जिनमें याराजी रचनारत थे, किसी भी किताब की जितनी प्रतियाँ छपती थीं, और उनके जो मूल्य होते थे, उसे देखते हुए अंदाज लगाया जा सकता है कि उन्हें किसी भी किताब की रायल्टी कितनी मिल जाती होगी? हजार-दो-हजार। किताबें भी उनकी चार-छह ही हैं। घर चलाने के लिए इतना ही तो पर्याप्त नहीं था, सो जाहिर है घर चलता था उनकी पत्नी के वेतन से। सो जब तक यारा जी आर्थिक रूप से पत्नी पर आश्रित रहे, तब तक उनके घर में रहे। जब आर्थिक रूप से समृद्ध हो गए, पारा निकालकर, तब उन्होंने वह घर छोड़ दिया। भला कोई भी समर्थ पुरुष किसी स्त्री की सरपरस्ती में क्यों रहना गवारा करेगा?

यों यारा जी आज भी कहते हैं कि पारा लाभ की स्थिति में नहीं है। रायल्टी आज भी उन्हें कोई खास नहीं मिलती। पत्नी का घर वे छोड़ ही चुके हैं। ऐसे में उनका खर्च भला कहाँ से चलता होगा?

हाँ, जब से पारा ने दलित, महिला और पिछड़ों का फ्रंट खोला है, तब से लगता है पारा न केवल चलने लगा है बल्कि अपना और यारा जी का खर्च भी

उठाने लगा है। लेकिन इनके प्रति भी तो यारा जी एक राय नहीं रखते।

दलित लेखन के बारे में वे कहते हैं—इसी बातचीत में कि—दलितों की तरफ से आनेवाला साहित्य एक अधिकार के रूप में आता है, इसलिए आज हमें असुविधा होती है। दलित लेखक भी वही माँग रहा है—अधिकार, सम्मान और अभिव्यक्ति की स्वतंत्रता की मांग। लेकिन यारा जी स्वयं उसके साथ होते हुए भी उसे दे क्या रहे हैं? 'आज अगर बेचैन कोई रचना लेकर आते हैं तो मैं उनसे उस परफैक्शन की उम्मीद नहीं करता जो तुम्हारी (उदयन की) से करता हूँ। तुम्हारी कहानी के साथ कोई रियायत नहीं होगी, लेकिन वहाँ होगी।'

तो बेचैन कितने ही बेचैन क्यों न हों, अपना अधिकार पाने को, कितना भी चैन उन्हें क्यों न हो इसका कि उन्होंने एक मुकम्मल कहानी लिख ली, जब वह यारा जी के हाथों में आएगी और पारा में स्थान पाएगी तो उसकी वजह होगी रियायत। वह परफैक्ट है या नहीं यह जानने का सुख-चैन उनके हाथ नहीं ही आएगा।

यारा जी खुद बेचैन को आज भी रियायतें देने का दावा करते हैं, साथ ही पहले के अवसरदाताओं पर आरोप मढ़ते हैं कि—'वहाँ सफलता के आधार पर अधिकार या सम्मान देने की बात नहीं थी, सिर्फ रियायतें देने की सिफारिशें थीं।'

ऐसी स्थिति में कैसे कहें कि दलितों के संदर्भ में समय बदला है, मूल्यांकन बदला है, उनका महत्त्व बढ़ा है। बदला है तो केवल यह कि उनकी क्रय शक्ति बढ़ी है जो एक पत्रिका के लिए शुभ संकेत है।

और महिलाएँ—लगता है अपनी पत्नी से खफा यारा जी उनकी पूरी पीढ़ी के कृतित्व को ही नकारने पर तुले हैं। सफल रचनाकार होने का उनका भरोसा तोड़ देने पर उतारू हैं। वे कहते हैं, 'आज से बीस साल पहले महिला लेखन की यह हालत थी कि यदि कोई कमजोर रचना भी मिली तो कह दिया जाता था, कोई बात नहीं, आफ्टर आल शी इज ए वूमन।'

उल्लेखनीय है यह वही काल है जब मन्नू भंडारी का महाभोज आया था, जिसने जबर्दस्त चर्चा पाई थी, कृष्णा सोबती का जिंदगीनामा आया था जो मील का पत्थर कहलाया था, जिसके लिए साहित्य अकादमी में पहली बार किसी लेखिका को हिंदी में रचनात्मक लेखन के लिए पुरस्कृत किया गया था। यह वही काल है जब शिवानी या मृदुला गर्ग की रचना पढ़ने के लिए पाठक धर्मयुग या साप्ताहिक हिंदुस्तान के आगामी अंकों का इंतजार बेसब्री से किया करते थे। और यह वही काल है जब यारा जी ने जाने किससे आतंकित होकर या मोहभंग के चलते रचनात्मक लेखन को अंतिम नमस्कार कर लिया था। उसके बाद रची गई उनकी इकलौती लघु कथा ही देखने को मिली मइया की कमर।

लेकिन महिलाओं के संदर्भ में भी रियायत देने का सिलसिला अभी भी कहाँ

थमा है? पारा में ही किसी महिला की दो फिल्मों को गड्डमड्ड करके रची गई कहानी स्थान पा सकती है बशर्ते वह महिला पारा के किसी शुभचिंतक की पत्नी हो।

पारा ही नहीं, यारा जी पर बननेवाली ऐतिहासिक महत्त्व की डाक्यूमेंटरी फिल्म में कोई महिला उनसे बातचीत करने का अवसर पाकर इतिहास में जा सकती है भले ही उसने यारा जी का कुछ भी न पढ़ा हो, या जिसे इस माध्यम का कैमरा फेस करने का शऊर तक न हो, लिखे हुए सवाल तक उच्चारने में कठिनाई होती हो, एक-एक दृश्य के डेढ़ दर्जन रीटेक करने पड़ें। बस हो तो इतना कि उसका परिवार पारा का शुभचिंतक हो, पारा संपादक का सिपहसालार हो, उसके पति के पास बीएमडब्ल्यू कार हो, रेल की ठेकेदारी से कमाई इतनी संपदा हो कि यारा जी की शामें आबाद करते हुए उसकी पेशानी पर एक भी बल न पड़े बल्कि कृतकृत्य होने का भाव ही झलके।

इस वार्ता में आपत्तिजनक, विरोधाभासी मुद्दे तो और भी हैं, लेकिन पत्र प्रतिक्रिया की सीमा का और अधिक उल्लंघन न करने के चलते मैं विराम ले रहा हूँ। यह कतई न समझा जाए कि मैं शेष स्थापनाओं से सहमत हूँ।

—कथासंसार का एक पाठक

साहित्यिक जगत को लगा था कि इतनी थू-थू हो जाने के बाद यारा जी जरूर क्षमा याचना जैसा कुछ करेंगे, लेकिन हुआ इससे ठीक उलट। लोग इधर उनकी थू-थू करते नहीं अघा रहे थे, उधर यारा जी आत्मकथा के नाम पर 'झुक-झुकके देखता हूँ' नाम की एक ऐसी किताब के साथ नमूदार हुए जिसमें उन्होंने सगर्व यह उजागर किया था कि उनके किस-किस औरत के साथ कब-कब कैसे संबंध रहे हैं। कब कौन विधवा औरत, सधवा औरत, कुँवारी औरत, चिरकुँवारी औरत, उन पर लट्टू रही है और यह भी कि उनकी अपनी पत्नी कितनी नाकाबिले बर्दाश्त महिला है।

उधर उन दिनों नारा जी अपनी पत्रिका की कुचर्चा से जितने प्रफुल्ल थे उससे कहीं अधिक इस बात से फूले नहीं समा रहे थे कि खुद पणिपुत्री जी ने उन्हें यारा जी की वार्ता छापने के लिए बधाई दी है। उन्होंने नारा जी को यकीन दिलाया कि वाकई यारा जी की पत्नी वैसी ही हैं जैसी यारा जी ने बताया है। यारा जी को उनकी पत्नी ने अजीब धर्म संकट में डाल दिया था। पणिपुत्री जी ने नारा जी से अपेक्षा की कि यदि वे सच्चे शिष्य हैं तो अपने गुरु का जीवन बचा लेने के लिए पणिपुत्री जी का आभार मानें। यदि वे उनके जीवन में समय से न आ गई होतीं तो यारा जी तो विक्षिप्त हो गए होते।

नारा जी परम प्रसन्न थे। यारा जी ने उनकी पत्रिका को अपनी वार्ता देकर और उसे छापने के लिए पणिपुत्री ने उनका आभार मानकर उन्हें अतीव प्रसन्नता

पहुँचाई थी, अब वे सुख पाना चाहते थे। सुख पाने का रास्ता उन्हें दिखाई दे गया था, बस उस पर चलने भर की देर थी। उस पर कदम बढ़ाने के साथ-साथ वे लगे हाथ गुरु के ऋण से उऋण भी हो लेना चाहते थे। यह उनकी हार्दिक इच्छा थी, फिर इसे पणिपुत्री जी ने और भी प्रखर कर दिया था।

यों अपने परिचित हिंदी साहित्य जगत की तरह नारा जी भी प्रगतिशील थे, लेकिन उन्हीं की तरह यह प्रगतिशीलता केवल शब्दों तक, वह भी लिखनेवाले शब्दों तक ही सीमित थी, अन्यथा वह भी शेष जनों की तरह भीतर से घोर हिंदू थे। हिंदुओं में भी सवर्ण हिंदू। ऋण से उऋण होने की भावना ही नहीं और भी कई भावनाएँ जो उनमें और उन जैसों में यदा-कदा हिलोरें मारा करती थीं, जिनका वे सार्वजनिक तौर पर प्रदर्शन करने में जरा भी नहीं हिचकिचाते थे, उन्हें सवर्ण हिंदू ही प्रमाणित करने के लिए पर्याप्त थीं।

मसलन दूसरों से प्रणाम ही नहीं, चरण स्पर्श तक की अपेक्षा रखना। एक-दूसरे को पंडित जी कहकर संबोधित करना। सभा-समारोह में मंगलाचरण और माल्यार्पण की परिपाटी निभाना। जीवन भर घोषित रूप से कम्युनिस्ट रहे रचनाकार की शोक सभा में भी दो मिनट का मौन रखकर किसी परमपिता से उसकी आत्मा की शांति के लिए प्रार्थना करना। साहित्य में भी अस्पृश्यता का चलन बनाए रखना। छूत-अछूत का ऐसा स्पष्ट और अलंघ्य भेद बनाए रखना कि एक किस्म के साहित्यकार दूसरी किस्म के साहित्यकारों के न केवल सभा-समारोहों में नहीं जाते थे, उनसे हाथ मिलाना एक ओछा कर्म करना लेखते थे। उन्हें साहित्यकार तक मानने को तैयार नहीं थे। जरा सा कोई दूसरी किस्म के साहित्यकारों के बीच उठता-बैठता देखा गया कि लोकतंत्र और समतावाद को धता बता उसे तनखैया, अस्पृश्य घोषित करने में जरा भी देर नहीं लगाते थे। अपने सगोत्री की आँख बंद करके स्तुति और संस्तुति करना, जाने मरने के बाद स्वर्गवासी हों या न हों, सो किसी धर्मपरायण की परलोक में अप्सराओं या हूरों को पाने की चिर आकांक्षा, तमन्ना, ये लोग इसी लोक में जीते-जी पा लेने की जुगत में लगे देखे जा सकते थे।

इन सब के चलते इन्हें जरा भी परंपरावादी से इतर लेखने की कोई वजह ही नहीं रह जाती थी। अलबत्ता यह स्पष्ट नहीं था कि सवर्ण कौन हैं और अवर्ण कौन? तथाकथित परंपरावादी सवर्ण हैं या तथाकथित प्रगतिशील?

दोनों वर्ग अपने तईं खुद को सवर्ण और दूसरे वर्ग को अवर्ण लेखते थे। दोनों में उस किस्म का अबोला था जो कभी शैवों और सांख्यों में हुआ करता था, जो कभी नैयायिकों और वैशेषिकों में हुआ करता था, जो कभी सगुण भक्ति शाखा और निर्गुण भक्ति शाखा वालों में हुआ करता था, जो कभी राम भक्ति शाखा और कृष्ण भक्ति शाखा वालों में हुआ करता था। अलबत्ता अफसरनुमा लेखकों के मामले में

दोनों ही ओर के तुलसी बिना हाथ में धनुष लिए होने पर भी केवल कलम देखकर उनके आगे मस्तक नवा देते थे।

नारा जी भी 'तुलसी मस्तक तब नवे धनुष लेहि हो हाथ' वाली उक्ति के आधुनिक संस्करण पर यकीन करते थे। यानी यदि विज्ञापन, अनुदान, खरीद आदि का आदेश देने में समर्थ कलम हाथ में हो तो वे भी औरों की तरह उस अफसरनुमा लेखक को अपना आराध्य मान कर नतमस्तक हो जाया करते थे। अब यह उनकी कुघड़ी ही कहिए कि अपनी इसी अदा के चलते वे ठीक उन दिनों पणिपुत्री जी की नाराजगी का शिकार हो गए जिन दिनों उन्हें परम प्रसन्न करने के मंसूबे बना रहे थे।

हुआ यह कि नारा जी ने अपनी पत्रिका में वीणावर्धन की एक संस्मरण कथा छाप दी। छापनी ही थी, कथा कैसी भी हो, कथाकार तो दमदार थीं। प्रसार भारती की सदस्या, तिस पर एक भूतपूर्व पत्रिका के अभूतपूर्व संपादक की दूसरी पत्नी। कथा छापते समय इस तथ्य की ओर जरा भी ध्यान नहीं दिया कि इन दिनों उनका उपन्यास 'लावा' भी साहित्य अकादमी की दौड़ में शामिल है। यदि ऐसे में उनके नाम की चर्चा हवा में बनंती है तो इसका सीधे-सीधे पणिपुत्री जी की दावेदारी पर असर पड़ेगा जिनका उपन्यास 'धाक' भी उस दौड़ में न केवल शामिल है, हर तरफ से यह प्रयास जारी है कि उसे ऐसा जोर का धक्का दिया जाए कि दौड़ में शामिल और रचनाएँ तो दूर रचनाकार तक उसे लाँघ ही न सकें।

इसके लिए भले ही उन्हें न बुलाया गया हो, पर चेम्सफोर्ड क्लब में साहित्यकारों की सुरा संसद हो चुकी है। सुबह-सवेरे एक नामवर आलोचक ने सिंगापुर से प्रसारित होनेवाले एक चैनल पर उस उपन्यास की इतने भारी-भरकम शब्दों में तारीफ की थी कि कहते हैं जो लोग उस समय टीवी के सामने बैठे थे उन्होंने देखा कि यकायक टीवी की स्क्रीन थर-थर काँपने लगी है। संयोग से यह घटना उसी सुबह हुई थी जिस शाम वह सुरा समागम हुआ था।

इस कथा का छपना था कि पणिपुत्री जी का नाराजगी भरा फोन आ पहुँचा। उन्होंने नारा जी को उलाहना दिया कि आप हर महीने ही अपनी पत्रिका मुझे दे जाते हैं, हालाँकि आप जानते ही हैं कि जब तक यारा जी हरी झंडी न दें, मैं तो आपकी पत्रिका को पढ़ नहीं सकती। आपका एक अंक जिसमें आपने यारा जी की भेंटवार्ता छापी थी। उन्हीं की सहमति मिल जाने के बाद मैंने पढ़ा था और आपको उसके लिए बधाई भी दी थी, उसके बाद चूँकि उनकी तरफ से कभी भी आज्ञा नहीं मिली सो आपके अंक फिर बिना पढ़े ही इधर-उधर बिखरे रहे और अंत में रद्दीवाले को चले गए। अब इधर यारा जी ने मेरा ध्यान इस तरफ दिलाया है, आप तो जानते

ही हो वे मेरा कितना ध्यान रखते हैं, कि आपकी पत्रिका में वीणा की कथा छपी है। यह तो ठीक बात नहीं है। मैं तो अपने इनसे कह रही थी कि बेचारे नारा जी इन दिनों बीमार चल रहे हैं, लगता है उनके दिल पर आ बनी है, क्यों न हम उनके दिल के इलाज की कोई व्यवस्था कर दें? आपकी पत्रिका के लिए भी मैंने ऐसा ही कुछ सोच रखा था। इन्होंने भी कहा था कि जैसे पिछले दिनों जब्बरसिंह जी, अब पता नहीं उनका सही नाम क्या है, यारा जी उन्हें इसी नाम से संबोधित करते हैं सो मेरी जुबान पर तो यही नाम चढ़ा हुआ है, अरे वही बेचारे संपादक जो मध्यप्रदेश के किसी शहर से अगुआई नाम की पत्रिका भी निकालते हैं और अपनी पहल पर किसी एक साहित्यकार को हर साल पुरस्कार भी देते हैं। हालाँकि यारा जी तो उनका नाम भी सुनना पसंद नहीं करते पर वे जब हमारे घर आए तो हमारे इन्होंने उन्हें अच्छी-खासी रकम के साथ विदा किया था। मैंने इन्हें मना भी किया था कि आप यह सब क्या कर रहे हो? इन्हें मदद देने से हमें भला क्या मिलेगा? फिर कहीं यारा जी को खबर लग गई तो वे और बुरा मान जाएँगे। पर ये बोले, कि जब तक तुम नहीं बताओगी उन्हें कैसे पता चलेगा? संपादक महोदय तो इनका खयाल है कि खुद यह बताने से रहे। खैर, वह बात तो आई-गई हो गई, पर तभी से मैं सोच रही थी कि कभी इनका मूड अच्छा देख कर आपको भी इनसे मिलवाऊँगी और हो सका तो आपकी पत्रिका की कंगाली मेट दूँगी। अब आप ही बताओ, मैं किस मुँह से इनसे आपकी सिफारिश करूँगी?

यह सुनना था कि नारा जी का दिल जो पिछले कुछ दिनों से खासा उछल रहा था, एकदम से बैठ ही गया। उन्हें रह-रहकर अपने पर गुस्सा आया कि इतनी सी बात उनकी समझ में क्यों नहीं आई? इतनी बड़ी बेध्यानी उनसे हुई तो हुई कैसे? नारा जी ने इसके लिए अपने से कहीं ज्यादा अपने खानसामा को झाड़ पिलाई। उसका अपराध उजागर किया, सभी कर्मचारियों की मौजूदगी में कहा कि आजकल यह मुझे इतना खिला देता है कि भेजे में भोजन के अलावा किसी और के लिए जगह ही नहीं बचती। मुझे तो लगता है इसी वजह से मेरा दिल भी कमजोर हो गया है, उसमें कोई खराबी आ गई है। अब मुझे बहुत जल्द दिल की जाँच कराने के लिए अस्पताल में भर्ती होना पड़ सकता है।

भला यह भी कोई करने लायक भूल थी? सारा हिंदी जगत जानता है कि यारा जी पणिपुत्री जी को साहित्य अकादमी में पुरस्कृत होते देखना चाहते हैं। अपने-अपने ऋण हैं। हर कोई चाहता है कि वह अपने तमाम ऋणों से इसी जन्म में उऋण हो ले। ऐसे में यारा जी का ऐसा सोचना गलत तो नहीं है। फिर उन पर तो जाने कैसे-कैसे कितने ऋण हैं।

नारा जी ने तय किया कि इसकी भरपाई के लिए अगले ही अंक में पणिपुत्री

जी की किताबों पर दो-चार समीक्षाएँ छाप दूँगा। लेकिन इस योजना को उन्हें बनाने के साथ ही निरस्त भी करना पड़ा। चूँकि नारा जी जानते थे चाह कर भी वे इस योजना को अमल में नहीं ला पाएँगे। यारा जी ने ऐसा कोई ज्ञात-अज्ञात समीक्षक छोड़ा ही कहाँ है जिससे उनकी किताबों पर समीक्षाएँ लिखवाकर पारा में न छाप दी हों।

नारा जी के ध्यान में एक समीक्षक का नाम आया तो जिन्होंने अभी तक उनकी किताब पर समीक्षा नहीं लिखी थी लेकिन उनके मामले में यह दावे के साथ नहीं कहा जा सकता था कि वे रचना की तारीफ ही करेंगे। घोर पढ़ाकू किस्म के पाठक और अपनी दो टूक राय देने के लिए कुख्यात ठहरे। कहीं उन्होंने यही सिद्ध कर दिया कि यह उपन्यास ही मौलिक नहीं, तब? मान लो उन्होंने ऐसी कोई स्थापना नहीं ही की, हालाँकि यदि कर दी तो एक नयी मुसीबत यह कि उसका खंडन या मंडन करने के लिए मुझे भी पणिपुत्री का उपन्यास पढ़ना पड़ेगा। मैंने तो आज तक उनकी कोई रचना पढ़ी नहीं। यह तो बड़ा श्रम-साध्य काम हो जाएगा। फिर मान लो उन्होंने ऐसी कोई स्थापना नहीं दी, केवल समीक्षा ही लिखकर दी, तो भी क्या यह जरूरी है कि वह वैसी ही होगी जैसी मैं चाहता हूँ या जैसी पणिपुत्री जी को पसंद आ सकती है?

कहते हैं शैतान का नाम लो, शैतान हाजिर। नारा जी के साथ कुछ-कुछ वैसा ही हुआ। वह जिस समीक्षक को पणिपुत्री जी की किताब का संभावित समीक्षक मानकर उनके बारे में सोच रहे थे, पणिपुत्री के बाद अगला फोन उन्हीं का आन टपका।

"मैं आचार्य अल्पज्ञ बोल रहा हूँ।"

यह सुनना था कि नारा जी को यकायक टेलीपैथी पर यकीन हो चला।

जवाब में नारा जी ने हँसते हुए कहा, "नहीं जनाब, आप आचार्य अल्पज्ञ नहीं, आज तो मैं जिनसे फोन पर मुखातिब हूँ वह आचार्य सर्वज्ञ ही हो सकते हैं।"

"जो आपको रुचे वह मान लीजिए। बहरहाल, मैंने आपको फोन इसलिए किया है कि मैं इधर एक अजीब उलझन में हूँ और यह उलझन आपकी पत्रिका ने पैदा की है, जिसका एक अंक मैं यारा जी की वार्ता पढ़ने के फेर में देख गया था। वह वार्ता तो जैसी उनसे उम्मीद की जा सकती थी, वैसी ही थी, उस पर मैंने एक पत्र भी आपको लिखा था। आपकी पत्रिका का नया अंक अपनी उसी पत्र-प्रतिक्रिया को देखने-पढ़ने के लिए लिया था कि देखूँ छपी भी है या नहीं। छपी है तो कितनी काट-छांट के साथ। यह देखकर निराशा ही हाथ लगी कि इसमें मेरी प्रतिक्रिया है ही नहीं। बहरहाल, यह संपादक का अपना अधिकार और विवेक ठहरा, इसमें मैं आपत्ति करनेवाला हूँ कौन। एक पाठक या रचनाकार यह तो चाह सकता है कि

उसकी रचना या प्रतिक्रिया पत्रिका में हो, न हो तो वह क्या कर सकता है सिवाय इसके कि संपादक से कहे कि भाई संपादक जी, मेरे पास उसकी कोई अनुकृति नहीं है, लिहाजा यदि उसे न छाप रहे हों तो लौटा दें।

बहरहाल, फोन करने को वाध्य किया है मुझे इस अंक की एक संस्मरण कथा के रूप में छपी रचना ने जो आपने वीणावर्धन के नाम से छापी है।"

"एक मिनट आचार्य जी..." नारा जी बोले, "वीणावर्धन के नाम से छापी है से आपका क्या आशय है? क्या वीणावर्धन जी का नाम कुछ गलत छपा है?"

"जी नहीं, वीणावर्धन विशुद्ध रूप से शुद्ध छपा है, हालाँकि आपकी पत्रिका में ही क्या, इधर किसी भी साहित्यिक पत्रिका में छपाई की भूलें मिल जाना आम बात हो चुकी है, इस मामले में यह भूल यहाँ नहीं की गई है। दरअसल भूल यह हुई है कि यह कथा न तो वीणावर्धन की है और न ही अप्रकाशित है जैसी कि किसी पत्रिका में छपने के लिए होनी चाहिए। मुझे लगता है कि यह रचना किसी ने एक पुरानी पत्रिका से उतार कर आपको भेज दी है और आपने इसे छापने में यदि कोई भूल की है तो वह यह कि इसमें उस भेजनेवाले की जगह वीणावर्धन जी का नाम छाप दिया है।"

"यह कैसे हो सकता है?" नारा जी चौंके, "इतनी बड़ी भूल तो नहीं हो सकती। मुझे अच्छी तरह याद है कि यह रचना हमें वीणा जी ने ही भेजी थी। यह कहकर भेजी थी कि इधर हाल में बड़ा उपन्यास पूरा करने के बाद छोटी-छोटी रचनाएँ लिख रही हैं।"

"तब फिर आप जानिए और आपका काम। मुझे जो पता था वह मैंने आपको बता दिया। आप कहेंगे तो मैं उस पुरानी पत्रिका का अंक भी आपको दिखा दूँगा। आप खुद ही दोनों को मिलाकर देख लीजिएगा। आप पाएँगे कि रचना तो दोनों जगह एक ही है, अलबत्ता दोनों के साथ लेखिकाओं के नाम अलग-अलग हैं।"

आचार्य अल्पज्ञ ने उधर फोन रखा, इधर नारा जी यूरेका यूरेका चिल्लाने लगे।

आचार्य अल्पज्ञ की जिस तरह की ख्याति थी उसके चलते नारा जी को यह मान लेने में जरा भी संदेह नहीं था कि वह जो कह रहा है, सही ही कह रहा होगा। बिना प्रमाण के इतना गंभीर आरोप वह नहीं ही लगा सकता। उसका वीणा जी से दूर-दूर का भी कोई बैर भाव भी नहीं है। मैत्री भाव भले ही खोजने पर निकल आए। फिर भी उसने जो खुद फोन करके मुझे यह सूचना दी इसकी इकलौती वजह यही हो सकती है कि साहित्य के क्षेत्र में किसी भी तरह की गंदगी उसे पसंद नहीं।

अगले ही क्षण नारा जी ने वीणा जी को फोन करके उनसे यह जानना चाहा कि जो कथा उनके नाम से उनकी पत्रिका में छपी है वह उन्हीं की भेजी हुई थी न? कहीं ऐसा तो नहीं हुआ कि उनके सहयोगियों ने भूल से किसी और की रचना

पर उनका नाम छाप दिया हो?

वीणा जी ने नारा जी को आश्वस्त किया कि उनके सहयोगियों ने कोई भूल नहीं की।

वीणा जी की ओर से आशाजनक उत्तर पाते ही नारा जी का एक बार फिर यूरेका यूरेका शब्द पूरे जोर से उच्चारने का मन हुआ। उन्होंने इस मामले में अपने मन को मनाया नहीं बल्कि उसकी तमन्ना पूरी की। यही नहीं, कई दिनों बाद नारा जी ने अपनी एक और क्रिया दोहराई, जो पहले तो वह बात-बात पर दोहराया करते थे, लेकिन जब से यारा जी की शार्गिदी से अलग होकर अपने कुछ मित्रों के सहयोग से कथा-संसार के संपादक-प्रकाशक हुए थे, तब से कम ही दोहरा पाते थे, उसे आज एक नहीं कई बार दोहराया।

वह क्रिया कुछ यों शुरू होती थी कि जब भी नारा जी को कोई बात गठ जाए या उनके मन मुताबिक कोई काम हो जाए या वे किसी बहस-मुबाहिसे में अपनी ओर से अपनी नजर और समझ में कोई अकाट्य तर्क रखने जा रहे हों तब अपने एक हाथ की हथेली को सीधा करके अपनी जंघा पर रखते हैं और दूसरे हाथ को कुछ ऊँचाई तक हवा में लहराने के बाद उसकी हथेली को अपनी जंघा पर रखी अपनी पहली हथेली पर ला पटकते हैं। इससे ठप्प की एक ध्वनि निकलती है जो उनकी दलील से कहीं ज्यादा देर तक वातावरण में, वायुमण्डल में, आसपास जमा लोगों के कानों में गुंजायमान रहती है। आज अकेले होने पर भी नारा जी ने इस क्रिया को कई बार दोहराया। दोनों हथेलियों के इस गरुणनुमा मिलन के जरिए वही चिरपरिचित, प्यारी और न्यारी ध्वनि खुद ही निकाली और खुद ही सुनी, बार-बार सुनी।

नारा जी को यह क्रिया कई बार दोहराने के बाद तो पूरी तरह यकीन हो चला कि वे अब पणिपुत्री जी को न केवल प्रसन्न कर लेंगे, उन्हें पूरा का पूरा शीशे में उतार लेंगे। अब तो हमारी माँग होगी और उनका पर्स होगा, तिस पर कोई गजब की घ्राण शक्ति वाला श्वान भी यह न सूँघ पाएगा कि पणिपुत्री हम पर मेहरबान क्यों हैं। अपनी पत्रिका में एक भी शब्द उनके पक्ष में छापे बिना हम उन्हें वह सारा आकाश दिलवा देंगे जिसे दिलवाने के लिए यारा जी ने वर्षों से अश्वमेध रचाया हुआ है।

नारा जी बिना विलंब किए अपनी योजना लेकर पणिपुत्री जी के पास पहुँचे। उन्हें बताया कि देखिए संयोग इसे कहते हैं। जिस रचना को छापने के लिए आप मेरी लानत-मलामत कर रही थीं, वही रचना आपकी प्रतिद्वंद्वी को चारों खाने चित करने के काम आ सकती है। एक बार उनकी ख्याति चौर्यकर्म में निपुण कथाकार की बनी नहीं कि कोई उनका नाम लेवा भी नहीं बचेगा। ऐसे में आप यों समझिए कि उनका दावा और उनकी दावेदारी सब उड़न छू। हम अपनी पत्रिका में भूलकर

भी आपका स्तुति गान नहीं करेंगे, लेकिन उनकी इतनी थू-थू कर देंगे कि फिर महिला लेखिका के रूप में नाम लेने को आप ही बची रह जाएँगी। इसमें आपको भी हमारी मदद करनी होगी। वह इस रूप में कि हमारे साधन तो आप जानती ही हैं बहुत ही सीमित हैं। पारा जितना दमखम तो हम में है नहीं, लेकिन हम चाहते हैं कि वीणा जी के चौर्यकर्म की खबर हम जन-जन तक पहुँचाएँ। इसके लिए हमें पत्रिका के अंक की अधिक कापियाँ छपवानी होंगी। मुफ्त में भेजनी होंगी। लोगों से व्यक्तिगत पत्राचार कर यह आग्रह करना होगा कि वे इस प्रवृत्ति पर अपनी बेवाक प्रतिक्रिया भेजें। इस सब में खासी रकम खर्च होगी। यदि आप वह हमें सुलभ करा दें तो तय समझिए सारा आकाश और उसका यदि कोई वली वारिस है तो वह भी आप ही का होगा, सिर्फ आपका।

पणिपुत्री जी से मोल-भाव करने, भरोसा पाने के बाद शेष दिन और रात किस बेचैनी में कटी यह आज नारा जी याद भी नहीं करना चाहते।

बहरहाल, वह अगली सुबह अल्पज्ञ के सामने उनके घर में थे इस निवेदन के साथ कि आप न सिर्फ मुझे वह पत्रिका और वह कथा दिखाइए बल्कि एक बेवाक टिप्पणी और इस निर्लज्ज कार्य पर अपना रोष और अपनी प्रतिक्रिया भी लिखकर दीजिए, मैं उसे इसी अंक में अपनी पत्रिका में छापूँगा। यह भी बताया कि यारा जी की वार्ता पर उनकी कोई प्रतिक्रिया उन्हें नहीं मिली, अन्यथा उसे भी वे जरूर छापते। हालाँकि यह कहते समय ही नहीं, जब आचार्य का फोन आया था तभी से नारा जी भगवान का लाख-लाख धन्यवाद कर रहे थे कि अच्छा हुआ उन्हें वह नहीं मिली। तिस पर गनीमत यह कि आचार्य के पास उसकी अनुकृति भी नहीं है। यह तय है ही कि वह तीखी रही होगी, छापने का तो खैर सवाल ही नहीं उठता था।

नारा जी ने अल्पज्ञ के सामने इस बात के लिए शर्मिंदगी महसूसना गवारा किया कि वे ऐसे संपादक हैं जो ज्यादा पढ़ते-पढ़ाते नहीं हैं। इसकी वजह उन्होंने यह बताई कि इन दिनों साहित्यिक पत्रिका छापना हंसी-खेल नहीं है। कितने ही तरह के पापड़ बेलने पड़ते हैं। बड़ी मुश्किलों से जन-धन और रचनाएँ जुटानी पड़ती हैं। हरदम भागमभाग लगी रहती है। जहाँ भी पाठक मिलने की उम्मीद हो, उन शहरों में लोकार्पण-विमोचन, गोष्ठी-सम्मेलन के बहाने चेहरा दिखाने जाना होता है। हम जैसे संपादकों का तो यों समझिए एक पाँव जमीन पर और दूसरा रेल की पटरी पर रहता है। बिस्तर-बोरिया हरदम बँधा रखा रहता है। जरा चूके कि या तो जमीन पर औंधे मुँह गिरे, या रेल से कट मरे, या कोई दूसरा बिस्तर-बोरिया लेकर उस पर सोया नजर आया।

तिस पर जमीनी हकीकत यह कि ज्यादातर साहित्यिक पत्रिकाएँ केवल उत्साह

और उछाह के क्षणों में शुरू होती रही हैं। शुरू-शुरू में संपादक अपने तमाम स्रोत झोंकता है, फिर दान-दक्षिणा की उम्मीद लगाने लगता है। अधिकतर पत्रिकाओं के साथ तो यह भी हकीकत जुड़ी हुई है कि उसे केवल छपने-पहुँचने के लिए धन की जरूरत नहीं होती, बल्कि संपादक की गुजर-बसर, और तमाम स्टाफ का वेतन-खर्चा भी उठाना पड़ता है। अब शेष स्टाफ को तो चलो कम वेतन देकर टरकाया जा सकता है, यह कहकर बहलाया जा सकता है कि यह कोई धन्ना सेठ की कंपनी तो है नहीं, यह तो साहित्य सेवा है, इसमें वाहवाही की मेवा तो बहुतेरी मिलती है, कलदारों वाली मेवा का टोटा रहता है। लेकिन यदि पत्रिका का जरा नाम हो जाए, उसे पाठक मिलने लगें, तो उसका संपादक धन्ना सेठ वाले ठाठ-बाट से कम पर समझौता नहीं करना चाहता, बल्कि अपनी अगली पीढ़ियों के लिए भी बटोर लेना चाहता है। उसे तो हवाई यात्राएँ चाहिए, रोज शाम को हमनिवाला-हमप्याला साथी चाहिए। अपने अड्डे पर ही नहीं, पंचतारा होटलों में भी।

बहरहाल, आचार्य अल्पज्ञ ने नारा जी को वह पत्रिका दिखाई जिसमें वीणावर्धन की तथाकथित मौलिक और कथासंसार में छपने से पहले तक अप्रकाशित बताई गई रचना अब से बीस साल पहले किसी और के नाम से छपी हुई थी। उसकी एक फोटो कापी करवाकर दी। इस चौर्यकर्म पर अपनी एक तीखी पत्र प्रतिक्रिया जो नारा जी से फोन पर वार्तालाप के फौरन बाद लिख ली थी, नारा जी को सामने बैठा कर, पढ़ कर सुनाई। प्रतिक्रिया कुछ यों थी :

यों तो मुझे अपनी स्मृति पर खासा यकीन है, फिर भी कई बार ऐसे प्रसंग आ ही जाते हैं जिन्हें उद्‌घाटित करने से पहले प्रामाणिक चीजें/तथ्य एकत्र करना हितकारी होता है, खासकर तब, जब किसी रहस्योद्‌घाटन से किसी की प्रतिष्ठा जुड़ी हो। भले ही स्वयं प्रतिष्ठितों को इसकी जरा भी परवाह न हो, और वे स्वयं ही अपनी प्रतिष्ठा को अपने जरा-से प्रलोभन के चलते धूल में मिला रहे हों।

इन दिनों प्रतिष्ठित लेखकों में दूसरों का कृतित्व अपने नाम कर लेने की प्रवृत्ति 'जिसकी लाठी उसकी भैंस' के मुहावरे को चरितार्थ कर रही है। इसके कुछ उदाहरण बिल्कुल अभी मेरे भी देखने में आये हैं।

कुछ अर्सा पहले 'हंस' के 'अतीत होती सदी और स्त्री का भविष्य' शीर्षक से दो विशेषांक आये थे। इन दोनों का स्वतंत्र रूप से संपादन किया था अर्चना वर्मा ने। अपने संपादकीय में अर्चना जी ने और जो कुछ लिखा था उसमें एक ध्वन्यार्थ यह भी था कि राजेंद्र यादव जी ने, जो 'हंस' के स्थायी संपादक हैं; उक्त अंकों में असहयोगी की भूमिका भले ही निभायी हो, सहयोगी की तो कतई नहीं निभायी।

अब, जब 'हंस' के उक्त अंकों की सामग्री पुस्तक रूप में राजकमल प्रकाशन से प्रकाशित होकर आयी है तो उसमें संपादक के रूप में ब्लर्ब पर केवल राजेंद्र

यादव का परिचय ही शोभायमान है, अर्चना वर्मा सिरे से नदारद हैं।

कोई और हो तो हो, मैं यह मानने को तैयार नहीं हूँ कि ऐसा असावधानी से या भूल से हुआ होगा। मेरा यकीनी तौर पर यह मानना है कि यह सरासर दूसरे के श्रम और समझ को अपना घोषित करके खाना-कमाना है। यह साहित्यिक दादागिरी है। यह घोर आपत्तिजनक इसलिए भी है कि ऐसा उन राजेंद्र यादव की ओर से हुआ जो स्त्रियों को सदियों से अहस्तान्तरणीय माने जाने वाले हक तक दिलवाने का दावा और जिद रातोदिन करते देखे जाते हैं।

अभी हाल में 'कथाक्रम' के एक अंक में डॉ. निर्मला जैन ने हिन्दी की महिला कथाकारों पर एक उपयोगी लेख लिखा है। इसमें औरों के साथ-साथ मैत्रेयी पुष्पा के उपन्यास 'चाक' की भी खासी प्रशंसा की गयी है। 'चाक' में सारंग और श्रीधर के बीच अंजाम को पहुँचे रति प्रसंग ने निर्मलाजी को इतना प्रभावित किया कि केवल इस प्रसंग मात्र के चलते वे 'चाक' को सशक्त, महत्त्वपूर्ण, प्रभावोत्पादक और स्त्री अस्मिता और शक्ति को मुकम्मल रूप में प्रस्तुत करने वाला उपन्यास घोषित करने को तैयार हैं।

मैं कल्पना नहीं कर पा रहा हूँ कि डॉ. निर्मला जैन पर तब क्या बीतेगी, जब उन्हें यह पता चलेगा कि 'चाक' में श्रीधर और सारंग के संसर्ग का जो चित्रण है वह मैत्रेयी जी का मौलिक चिन्तन नहीं है, रचनात्मक कल्पना भी नहीं है। यह दृश्य फ्रेम-दर-फ्रेम शेखर कपूर की फिल्म 'बैंडिट क्वीन' में मौजूद है। वहाँ भी घायल, पट्टियों में लिपटे चित लेटे डाकू पर पट बैठी-लेटी बैंडिट क्वीन फूलन इसी तरह रति क्रिया को परिपूर्ण करती है, जैसा 'चाक' में पट्टियों में लिपटे घायल पड़े श्रीधर के ऊपर बैठी-लेटी सारंग को चित्रित किया गया है। शब्दशः यह चित्रण मैत्रेयी पुष्पा ने 'बैंडिट क्वीन' से लिया या उस फिल्म की मूल लेखिका की रचना से, यह तो मैत्रेयी जी ही जानती होंगी। यह जिसे कहते हैं मौलिक, रचनात्मक, कल्पनाशील, अप्रकाशित, अप्रचारित, वह नहीं, यह सरासर उठाईगीरी है। कुकृत्य है। उससे भी कहीं दुष्कृत्य, जो होते हुए रचना में दिखाया गया है। कुटिल काम है। इसे तो प्रेरणा ग्रहण करना, प्रभाव ग्रहण करना, स्मृति और कल्पना का गड्मड् हो जाना भी नहीं कहा जा सकता।

इधर हाल में चित्रा मुद्गल की एक कहानी इण्डिया टुडे में छपी थी 'वाइफ स्वैपी' शीर्षक से। यह कहानी इससे पहले इसी नाम से 'सारिका' के एक विशेषांक में भी छप चुकी थी। एक रचना को, अगर उसके पाठक समुदाय में अन्तर हो, तो, एक से अधिक पत्रिकाओं में छपवाना मैं भी बुरा नहीं मानता, सो इस पर तो मुझे कोई आपत्ति नहीं, औरों को हो सकता है, हो; मेरी आपत्ति यह है कि न तब, न अब जबकि भारतवर्ष विश्वग्राम की एक गले-गले तक डूबी गली बन चुका है,

इस कहानी का परिवेश, कथ्य कुछ भी भारतीय नहीं लगता। लगता है यह कहीं अन्यत्र की कहानी है, कथा भूमि कोई और, वह भी यूरोपीय देश है, इसमें केवल लेखिका का नाम हिन्दुस्तानी है। हो सकता है इसकी वजह सबको अपने जैसा कूपमंडूक मानने की मेरी प्रवृत्ति हो, और दूसरे रचनाकार इतने कल्पनाशील हों कि वे सुदूर में भी घट सकने वाली घटनाओं को अपनी रचना का विषय कल्पित करने में समर्थ हो गये हों।

इन सबसे ऊपर इधर 'कथासंसार' के अक्तूबर अंक में वीणावर्धन ने तो वह कमाल कर दिखाया कि पूछिए मत। हालाँकि यह पत्र लिखने तक मुझे यकीन नहीं हो रहा कि वे ऐसा कर सकती हैं। मुझे लगता है यह जरूर उनके किसी दुश्मन या बैरन का काम है, जिसने उनके नाम से कहानी भेजी होगी, ताकि वीणा जी का नाम बदनाम हो सके।

यदि ऐसा नहीं है, सचमुच जो कहानी छपी है वह वीणा जी ने ही भेजी थी, तो वीणा जी के कारनामे के आगे राजेंद्र यादव और मैत्रेयी पुष्पा के कारनामे नगण्य हैं।

'कथासंसार' के अक्तूबर अंक में 'नुक्कड़' शीर्षक से छपी स्मृति कथा वीणावर्धन की नहीं किन्हीं अवधप्रिया की है। यह स्मृति कथा पिछली सदी में 'रसिका' में 'अंतर' नाम से छपी थी। यह कहानी मुझे याद इसलिए रह गयी क्योंकि उन दिनों मेरी भी एक कहानी 'रसिका' में छपने के लिए स्वीकृत हुई थी; सो मैं उन दिनों 'रसिका' के अंक बहुत ध्यान से पढ़ता था और सहेजकर भी रखता था।

मुझे डर है कि अब वीणा जी कहीं यह सफाई देने पर न उतर आयें कि 'रसिका' में अवधप्रिया के नाम से भी वे ही लिखती थीं। यह दलील मेरे या किसी भी पाठक के गले नहीं उतरेगी, क्योंकि जिन दिनों 'रसिका' में किसी का पत्र छप जाना तक उसकी ख्याति के लिए पर्याप्त माना जाता था, उन दिनों कोई अल्पज्ञात वहाँ छद्म नाम से क्यों लिखता भला! फिर दूसरी बात यह कि यदि 20 साल पहले ऐसा हुआ होता तो यह कहानी उसके बाद आये वीणा जी के दसियों कहानी संग्रहों में से किसी न किसी में स्थान जरूर पा गयी होती। हिन्दी स्मृति कथा कोश, भारतीय स्मृति कथा कोश के संपादक हलधर तो इसे अमर किये बिना न मानते। 'रसिका' में एक छद्म नाम चल निकलने के बाद वीणा जी ने आगे भी इस नाम को चलाया होता, खासकर तब, जब उनके पति 'रसिका' के संपादक थे। इसकी आड़ में वे भी पत्नी को अधिक अवसर देने के आरोप से बचे रहते। और सबसे बढ़कर यह कि वीणा जी ने भी अपने किसी साक्षात्कार में या आत्मकथ्य में यह रहस्योद्घाटन कर दिया होता कि वे अवधप्रिया नाम से भी लिखती रही हैं, नहीं तो कम से कम 'कथासंसार' को स्मृतिकथा देते समय ही यह उजागर कर दिया होता कि यह स्मृतिकथा

पहले किसी और शीर्षक से, किसी और पत्रिका में, लेखिका के किसी और नाम से प्रकाशित हो चुकी है। पाठकों की बेहद माँग पर, किसी भी संग्रह में स्थान न बना पाने के दुर्भाग्य के चलते, 'रसिका' से मिले कम मानदेय (उन दिनों 'रसिका' में स्मृतिकथा पर दस से पच्चीस रुपये मानदेय मिलता था) की भरपाई करने के लिए इसे 'कथासंसार' में प्रकाशित करवाया जा रहा है।

सम्भव है किन्हीं और पाठकों ने भी इस ओर ध्यान दिलाया हो। चूँकि मैं मानता हूँ कि मुझ समेत और भी कइयों की यह आदत है कि खुद चाहे कुछ और कैसा भी न लिख पाते रहे हों, औरों ने क्या लिखा, इस पर एक सजग पाठक की तरह बराबर नजर रखते हैं। लेखकों के लिए पाठकों का यह लगाव शुभ भी है और संकेत भी।

संपादक जी, आप की सुविधा और तसल्ली के लिए 'रसिका' के उक्त अंक के उक्त पन्ने की फोटो प्रति संलग्न है जिस पर स्मृतिकथा का मूलरूप प्रकाशित है। चाहें तो इस पत्र के साथ इसे भी 'कथासंसार' में शब्दशः प्रकाशित कर दें, ताकि पाठक खुद निर्णय कर सकें।

कहना न होगा, अल्पज्ञ की पत्र प्रतिक्रिया और बीस साल पहले छपे वीणा जी की हाल की तथाकथित मौलिक संस्मरण कथा के मूल पाठ का कथासंसार में छपना था कि साहित्य संसार में एक नयी बहस छिड़ गयी। अगले कुछ महीनों तक यही चर्चा कुछ तो स्वतः बनी रही, कुछ नारा जी के प्रयासों से कम, यारा जी के अदृश्य प्रोत्साहन से अधिक बनी रही। इस बीच वीणा जी ने लाख दलीलें दीं कि वह रचना उन्हीं की है, वह नाम भी उन्हीं का है जो बीस साल पहले छपी रचना के साथ छपा हुआ है, अलबत्ता यह पहली बार अब प्रकाशित करवाई गई है यह जरूर सही नहीं है, हालाँकि यह भी अर्धसत्य या इसमें आधा मिश्रण झूठ का है, अब जो रचना छपी है वह संशोधित रूप है।

आचार्य अल्पज्ञ को इस पूरी बहस पर बेइंतहा हँसी आती रही। वीणा जी के समर्थन में और उनके कृत्य की भर्त्सना में छप रही प्रतिक्रियाओं में सबसे रोचक प्रतिक्रिया स्वयं वीणा जी की रही। उन्होंने अपने चौर्यकर्म को यह कहकर कमतर मानने का दुराग्रह किया कि अव्वल तो वह चौर्यकर्म है ही नहीं, वे कई छद्म नामों से लिखती रही हैं, जिनमें से एक नाम वह भी है जो बीस साल पहले छपी रचना के साथ छपा है। फिर उन पर उंगली उठाने वाला आचार्य अल्पज्ञ ही कौन सा दूध का धुला है, वह खुद कई छद्म नामों से लिखता है। हो सकता है आचार्य अल्पज्ञ भी उसका एक छद्मनाम ही हो।

वीणावर्धन पर हुए इस चौतरफा हमले ने सबसे ज्यादा आहत किया साहित्य को

हाँकने में जुटी लाठियों में से एक अन्य पुलिसिया लाठी के धारक को। ये साहबान पुलिस महकमे में मुलाजिम हैं। अपने एक दिवंगत मित्र की शोहबत में इन्हें भी कभी साहित्य सृजन का चस्का चढ़ा। कुछ हास्यास्पद रचनाएँ लिख मारीं; सुरा प्रेमी और कभी यदि पुलिस जंजाल में फँसे तो पुलिस के साहित्यकार अफसर से पहचान काम आए, इस किस्म के पाठकों-आलोचकों ने इनकी उन रचनाओं को हास्य-व्यंग्य की रचनाएँ घोषित कर दिया। करते-कराते ज्यों-ज्यों महकमे में तरक्की होती गई, साहित्य जगत के पाँवदान पर भी और ऊपर आते गए। फिर एक पत्रिका शुरू की 'भूत-भविष्य साहित्य' जिसे पाठकों के बीच पहचान मिली भभूत साहित्य नाम से। खुद ही उसके संपादक बन गए। अपनी पत्रिका में जब भी संपादकीय लिखते हैं, पुलिसिया टोन में लिखते हैं। लगता है जैसे किसी ने कलम नहीं चलाई हो लाठी भांजी हो और दे मारी हो। किसका सिर फटा, कौन बच गया, अपनी-अपनी किस्मत।

एक जमाने में इनकी भभूत के बारे में रसिका में नियमित रूप से प्रशंसात्मक टिप्पणी छपा करती थी जब वीणावर्धन के पति अयोध्या प्रसाद उस के संपादक थे और तब तक रहे जब तक उस अपने किस्म की बेजोड़ पत्रिका का बँटाढार करके, उसे बंद कराकर सेवा मुक्त नहीं हो गए। भभूत संपादक राविना पर वीणा जी के पति का यह एहसान अब तक कर्ज की तरह लदा हुआ था। हालांकि उस तारीफबाजी के बदले में इन्होंने अयोध्या प्रसाद को अपने जिले में कौड़ियों के मोल काफी जमीन दिलवाई थी। नौकरी जाने के बाद उसी जमीन को खासे महँगे दामों पर बेचकर अयोध्या प्रसाद ने राजधानी में अपना निजी फ्लैट खरीदा था। फिर भी राविना को लगता था कि वह अभी उनके ऋण से उऋण नहीं हुए हैं, या यह समझ लीजिए कि वह मन ही मन चाहते थे कि अपनी तरफ से अयोध्या प्रसाद को अपना ऋणी बना लें। हालाँकि कुछ लोग यह कहेंगे कि झूठ क्यों बोलते हो, साफ-साफ क्यों नहीं कहते कि राविना चाहते थे कि वीणा जी को अपना ऋणी बना लें।

दरअसल राविना के साथ एक नहीं अनेक दिक्कतें थीं जिनकी वजह से उनकी कई इच्छाएँ अधूरी रह जाती थीं। यों तो वह खासे लंब-तड़ंग और दबंग हैं जैसाकि एक पुलिसवाले को होना चाहिए, लेकिन उनका यह लंब-तड़ंग होना उस समय जरा भी काम नहीं आता था जब वे किसी महिला कथाकार को प्रभावित करना चाहते थे। एक तो उस मौके पर उनकी मूँछें आड़े आ जाती थीं जो बिना दाढ़ीवाले चेहरे पर ऐसी लगती थीं जैसे खेत में बिजूका। दूसरे थोड़ी देर बतियाने के बाद जैसे ही वे बेतकल्लुफ होते थे, अबे-तबे और पुलिसिया शब्दकोश से शब्द उठा-उठा कर दागने शुरू कर देते थे। अब जिन शब्दों को सुनकर अपराधियों तक का पायजामा खराब हो जाता हो उन्हें सुनने की ताव भला सुकुमारियाँ कहाँ से लातीं? तीसरे वे रात-बिरात की गोष्ठियों में ज्यादा देर तक दृश्यमान नहीं रह पाते थे क्योंकि अपनी आदत

से लाचार वे बमुश्किल सूरज ढलने तक अपने को संयमित रख पाते थे, फिर पीना-पिलाना लाजिमी हो जाता था। कभी-कभी तो कमरे में पर्दे गिराकर शाम हो जाने का भ्रम पैदा करना पड़ता था, ऐसी तलब मचती थी। सो केवल सभा-गोष्ठियों में ही दर्शन देनेवाली लेखिकाओं से उनके गुफ्तगू के अवसर कम ही आ पाते थे। यों पीने-पिलाने से उनको संगत देने वाले साहित्यकारों को भी परहेज नहीं था, लेकिन राविना जी जब टुन्न हो जाते थे, तब उनके लिए यह जरूरी हो जाता था कि वे शब्दों से नहीं लात-घूसों से किसी को धुनें। इस नेक काम को अंजाम देने के लिए उन्हें दुश्मन की नहीं एक अदद इंसानी जिस्म की दरकार रहती थी, फिर वह चाहे किसी का भी क्यों न हो। लेखक का हो या सेवक का, लेखिका का हो चाहे बीवी का।

उस दिन पणिपुत्री जी के सौजन्य से चैम्सफोर्ड क्लब में जो साहित्यकार संसद आयोजित हुई थी वहाँ राविना जी को न बुलाए जाने की एक वजह तो उनकी शामचर्या और वार्ताचर्या के बारे में उनकी यह ख्याति थी ही, दूसरी वजह यह भी थी कि वे वीणावर्धन के हितू हैं, पणिपुत्री के नहीं, यह भी यारा जी और खुद पणिपुत्री से छिपा नहीं था।

राविना को इस बात का बेहद मलाल था। वे यारा जी को इसके लिए उलाहना भी दे चुके थे। उस उलाहने में यह संकेत भी दिया था कि यदि यारा जी चाहते हैं कि राविना इस गुस्ताखी को अपने दिल में जगह न दें तो यारा जी ने जैसे कथासंसार के लिए अपनी वार्ता दी थी, वैसे ही भभूत साहित्य को भी कोई रचना दें।

यारा जी को यह प्रस्ताव तो बिना शर्त भी मंजूर करने में कोई कोताही नहीं होनी थी। इन दिनों उनके सामने सबसे बड़ा संकट ही यह था कि वे अपना लिखा छपाएँ कहाँ? जबकि छपवाना नितांत जरूरी इसलिए हो गया था कि कहीं लोगों को यह न लगने लगे कि वे चुक गए हैं, उनमें आग नहीं बची है। या फिर वे यह न मानने लगें कि वाकई पारा किसी और की बपौती हो गई है। अपने को रचनारत सिद्ध करने के लिए और यह सिद्ध करने के लिए कि वे अपनी पत्रिका ही नहीं किसी भी पत्रिका में छप सके ऐसा लेखन करने में आज भी समर्थ हैं, कहीं भी छपना चाहते थे। लेकिन दिक्कत यह थी कि ज्यादातर पत्रिकाएँ राष्ट्रपिता विश्वभारती से अनुदान पाने लगी थीं और जब उस अनुदान के चलते पारा में उनका लिखा अनर्गल प्रलाप नहीं छापा जा सकता था तो और पत्रिकाओं में भी कैसे छप सकता था?

यह संयोग ही कहिए कि भभूत साहित्य उन पत्रिकाओं में नहीं था। न होने की वजह पत्रिका नहीं संपादक की वह छवि थी जो पहले बताई जा चुकी है। उनके संपादकीय ऐसे लट्ठमार होते थे कि कोई-कोई तो पूरी पत्रिका को ही गंभीरता से

लेने को सहमत नहीं होता था।

यारा जी ने स्त्रियों के बारे में किया अपना एकांगी चिंतन भभूत को थमा दिया। भभूत में यारा जी का आलेख छापने के साथ ही राविना ने इस आलेख पर एक बहस शुरू करवाई। राविना ने अपनी ओर से एक रोज आचार्य अल्पज्ञ को भी फोन किया और आग्रह किया कि यारा जी के आलेख 'होना और सोना एक दुश्मन दोस्त के साथ' पर भभूत को अपनी बेवाक प्रतिक्रिया भेजें। हालांकि उक्त लेख पर आचार्य अल्पज्ञ ने अपनी प्रतिक्रिया भभूत को भेजी थी, पर राविना का फोन आने पर उसे यह समझते देर नहीं लगी कि या तो वह टीप डाक में गुम हो गई या फिर राविना के संपादकों को वह पसंद नहीं आई। राविना के आग्रह का मान रखते हुए आचार्य अल्पज्ञ ने एक और टीप भेज दी जिसे शीर्षक दिया होना और पाना एक विचार में कई चीत्कार।

अल्पज्ञ की प्रतिक्रिया की शुरुआत कुछ यों थी : यदि यारा जी का यह लेख 'इन औरतों ने मार मुसीबत कर रखी है' से शुरू हुआ होता तो मेरी प्रतिक्रिया की शुरुआत वह न होती जो होने जा रही है। जो होती, वह बाद में, पहले जो होने जा रही है उसकी वजह जान लीजिए।

यारा जी का लेख शुरू होता है कोष्ठक में 'परमपावन पूज्यपाद समीक्षाचार्य के श्रीचरणों में' से। इसे पढ़ चुकने के बाद अनपढ़ा कह/मान पाना कठिन ही नहीं, असंभव है। हालाँकि मेरे कई परिचितों और प्रबुद्धों का कहना है कि इस आलेख में इन पंक्तियों का यानी समीक्षाचार्य जी के स्मरण का कोई औचित्य ही नहीं है। मुझे लगता है उन लोगों ने इसके ध्वन्यार्थ को नहीं समझा। आल्हा में एक पंक्ति है 'इक को मारें दुई मर जावें, तीजो मरे भभकिया खाय।' यह पंक्ति कुछ-कुछ आल्हावादी है।

'समय का फेर' के पिछले अंक में दरबारीलाल खबर लाए थे कि एक समारोह में, जिसका खुलासा भभूत साहित्य के जनवरी अंक के संपादकीय में किया गया है, समीक्षाचार्य जी ने यारा जी को यह सलाह दी है कि उनकी भलाई इसी में है कि कथासंसार में उन्होंने अपनी पत्नी के संदर्भ में जो अनाप-शनाप बका है, उसके लिए 'पारा' में लिखित रूप से क्षमा माँग लें। सो यारा जी ने समीक्षाचार्य जी की आज्ञा को शिरोधार्य जान 'पारा' में यह आग्रह किया कि कथासंसार में उनके कहे को अब अनकहा माना जाए। बकौल भभूत साहित्य 'तीन-चौथाई पैराग्राफ पणिपुत्री को विश्व की महानतम कथाकार प्रमाणित करने के बाद, अनमोल धरोहर सिद्ध करने के बाद, दो पंक्तियों में अपनी पत्नी को यह सलाह दी कि जो हुआ सो हुआ, अब कुछ मत कहना!'

उसी 'समय का फेर' में दरबारीलाल यह खबर भी लाए थे कि बहुत से वामपंथी

विद्वान आलोचक जो जीवन-भर अपनी पत्नियों को गाँवों में छोड़े रहे और दिल्ली में गुलछर्रे उड़ाते रहे, उन्हें तो कोई कुछ नहीं कहता, एक बेचारे यारा जी ने जरा मुँह खोला कि....

मुझे लगता है कि यारा जी के लेख की शुरुआत में समीक्षाचार्य जी का स्मरण दरबारीलाल की उक्त खबर का ही अगला पैराग्राफ है। कि हे परमपूज्य! कहाँ तो हिंदी के कई धुरंधर, (हिंदी के धुरंधरों में समीक्षाचार्य जी को यारा जी किस ओर मानते हैं यह तो उन्होंने उजागर नहीं किया, लेकिन कहा यही है कि) कहाँ तो कई दिग्गज ही नहीं बल्कि तमाम नरपुंगव स्त्री के साथ ऐसे-ऐसे अत्याचार करते आए हैं, उसे इस रूप में लेखते-देखते आए हैं, उनसे तो कोई कुछ नहीं कहता, बेचारी स्त्रियाँ भी नहीं, उनका कष्ट-क्लेश भी मुझ पुरुष को, पूरे पुरुषोचित दंभ के साथ ही सही, बयान करने का बीड़ा उठाना पड़ता है, और कहाँ मैंने जिसके साथ वर्षों तक इन तमाम विचारों, मान्यताओं, परंपराओं, अनुकूलताओं के बावजूद इनसे इतर तरह से एक खूबसूरत दुश्मन के साथ चैन भरा होना/सोना किया, उससे जरा-सी चूक हो गई, वह भी चमड़े की जुबान (स्त्रीलिंग शब्द वाली जो ठहरी) के फिसलने भर की, तो वे भी मेरे घर पर पत्थर फेंकने लगे जिनके खुद के मकान शीशे के हैं।

हाँ, यारा जी का यह लेख गलत समय पर जरूर छपा है। मुझे लगता है यारा जी ने यह लेख भँवरी बाई प्रकरण के बाद उसी की प्रतिक्रिया स्वरूप लिखा होगा, लेकिन यह जब तक छप कर आया तब तक भंडारी बाई'सा प्रकरण सामने आ चुका था। इस विलंब ने पाठ का कुपाठ करने की छूट पाठकों को दे दी।

इस विलंब की एक वजह यह नजर आती है कि शायद यारा जी स्वयं ही इसकी उपयोगिता या इसके भाव को लेकर आश्वस्त नहीं थे या फिर इसे कुछ ज्यादा ही भयंकर मान बैठे। देर से छपने से वही हुआ जो उनकी कहानियों 'मृत मूसक' 'पावना' और अन्य का हुआ। इस लेख को लिख चुकने के बाद कहीं मन में यह शंका रही होगी कि यह अनैतिक है या कचरा, सो इसे छपवाना टालते रहे।

और जब छपवाने का मन बनाया तब तक 'पारा' के वे हालात ही नहीं रहे कि वहाँ अपने मन का कुछ भी छाप सकें। खासकर अपना लिखा हुआ।

भभूत साहित्य के संपादक राविना को जब मैंने यह बताया कि मैं यारा जी के लेख पर प्रतिक्रिया भेज चुका हूँ तो उन्होंने मुझे यह दुखद सूचना दी कि उन्हें कोई प्रतिक्रिया नहीं मिली है। उन्होंने कहा कि मैं उसकी प्रतिलिपि भेज दूँ। मैंने बताया कि प्रतिलिपि तो मेरे पास नहीं है, हाँ मैं फिर से लिखकर भेज सकता हूँ।

अपनी ओर से सहमति देने के साथ ही राविना जी ने मुझे यह भी बताया कि यारा जी अपने इस लेख को 'पारा' के 'व्यतीत होती सदी और स्त्री का भवितव्य' विशेषांक में छापना चाहते थे, लेकिन उन दोनों अंकों की अतिथि संपादिका ने इसे

वहाँ छापने से मना कर दिया था। राविना जी इस स्थिति से और इसके चलते यह लेख भभूत को छापने का अवसर मिला, इससे खुश भी थे।

हो सकता है 'पारा' में अतिथि संपादिका ने यह लेख न छापा हो। मैं राविना जी की खुशी भी नहीं छीनना चाहता, महज तथ्यों की जानकारी देने के लिए बता रहा हूँ कि दरअसल इन दिनों 'पारा' में यारा जी का विवादास्पद, संदेहास्पद लेख या संपादकीय छप ही नहीं सकता। इसीलिए उनके संपादकीय छोटे होते जा रहे हैं, 'पारा' अतिथि संपादकों के सहारे चल रहा है, ताजा अंक ठाकुर प्रताप सिंह के संपादन में था, आगामी आभा वितान और निर्भय कुमार के संपादन में होगा। और इसीलिए यारा जी का कहा हुआ या लिखा हुआ अन्य पत्रिकाओं कथासंसार, उद्भव, भभूत को प्रकाशित करने का सुयोग मिल पा रहा है।

दरअसल 'पारा' को ऐसा सुना जाता है कि राष्ट्रपिता विश्वभारती ने गोद ले लिया है। एक भारी-भरकम रकम रापिविभा की ओर से प्रतिमाह 'पारा' को मिलती है। साथ में कुछ पते, जिन पतों पर 'पारा' की प्रतियाँ भेजनी होती हैं। कहते हैं यह रकम इतनी अधिक है कि आसानी से इसे छोड़ा नहीं जा सकता। एक कवि के अनुसार उसी के चलते शुक ने देखा और शुकी से बयान किया 'कि मैंने अशोक वाटिका में कई मार्क्सवादी, जनवादी, नवजनवादी, उग्रवादी, प्रगतिवादी, यहाँ तक कि इलाहाबादी भी विचरते देखे हैं।'

अब जो इतनी बड़ी रकम थमाएगा वह कम-से-कम हाथ तो थामेगा ही। सामग्री भी अपने मन की चाहेगा। इसीलिए 'पारा' में यारा जी का संपादकीय छोटा और उनके अपने विचारों का टोटा होता जा रहा है। 'पारा' ही नहीं, रापिविभा और भी कई पत्रिकाओं को उपकृत करता है। यदि उस सूची में भभूत साहित्य भी आ चुका होता तो यह विचारोत्तेजक लेख यहाँ भी पढ़ने को न मिलता।

रापिविभा का आकर्षण है ही ऐसा कि उसे कोई भी संपादक कैसे न चाहे? भले ही उसके लिए अपनी रचनाओं तक को दर-दर भटकाना पड़े। भविष्य में भभूत साहित्य में भी ऐसा कुछ पढ़ने को मिल पाएगा या नहीं, मेरी चिंता का विषय तो यह है। मैं सशंकित इसलिए हूँ क्योंकि सुना है कि राष्ट्रपिता विश्वभारती के कुलपति के 60वें जन्मदिवस की सुरा पार्टी में भारत अंतर्राष्ट्रीय केंद्र में भभूत साहित्य के संपादक अपने आगामी अतिथि संपादक सहित कुलपति महोदय के आगे भभूत के लिए कैसा भी पाठ-कुपाठ लिख कर देने का वायदा पाने के प्रयास में लगे देखे गए।

इस प्रतिक्रिया का भभूत में छपना था कि यारा जी ही नहीं भभूत और उसके संपादक पर भी बे-भाव की पड़ने लगी। ऐसे-ऐसे लट्ठनुमा पत्र आए कि खुद भभूत संपादक राविना पुलिसिया लट्ठ फिराना भूल गए। उन्हें पत्रिका में यह सफाई देनी पड़ी कि दरअसल यारा जी के लेख को छापने के पीछे उनका मकसद महिलाओं

को अपमानित करना नहीं था बल्कि वह तो यारा जी की मानसिकता को बेनकाब करना चाहते थे, यह सिद्ध करना चाहते थे कि स्त्रियों, दलितों और पिछड़ों के इस तथाकथित हिमायती की अपनी सोच कितनी पिछड़ी और सड़ी-गली है। इसीलिए उन्होंने बिना काट-छांट के पूरा लेख पाठकों तक जाने दिया।

अपनी ओर से सफाई देने के बाद और यह मानकर कि कार्यवाही पूरी हो चुकी है, उन हत्याओं की फाइलों की तरह जिनके बारे में आज तक यह पता नहीं चला है कि हत्या जिसकी हुई वह कौन था और जिसने की वह कौन, उनकी फाइलें बंद कर देने की उनकी आदत रही है, उसी का अनुपालन करते हुए राविना जी ने 'स्त्री अस्मिता का अपमान बनाम यारा जी का होना/सोना एक दुश्मन दोस्त के साथ' फाइल को जाँच पूरी हुई मान अपनी तरफ से बंद कर दिया और जुट गए एक नयी मुहिम पर।

राविना ने इधर अपनी तरफ से भभूत में यह फाइल बंद की, उधर पारा में यारा जी ने इस फाइल को फिर से खोल दिया। उन्होंने अपने इकपेजी संपादकीय में उन खोजी श्वानों उर्फ सेठों और सरकार के दम पर पत्रकारिता करने वालों को जम कर लताड़ा जिन्होंने यह शक जाहिर किया था कि देवानांप्रिय ने पारा को आर्थिक अनुदान देने के बहाने यारा जी के हाथ थाम लिए हैं। सो अब पारा में ऐसा कुछ नहीं छप सकेगा जो देवानांप्रिय को अप्रिय हो, भले ही वह स्वयं यारा जी ने ही क्यों न लिखा हो। यारा जी ने ऐसे खोजी पत्रकारों को ललकारते हुए लिखा था कि कौन आर्य का लाल है, जो हमें खरीद सके! हम बिकाऊ नहीं हैं इसीलिए तो हम कभी किसी सरकार का पुरस्कार ग्रहण नहीं करते। इससे बड़ा और क्या प्रमाण चाहिए?

आभा वितान के अतिथि संपादन में, उनके पांच पेजी संपादकीय के साथ आए पारा के उक्त अंक में यारा जी की इकपेजी ललकार उर्फ संपादकीय पढ़ते ही आचार्य अल्पज्ञ ने अपनी प्रतिक्रिया लिख भेजी, जो निर्भीक और निष्पक्ष पत्रकारिता के पक्षधर यारा जी ने बिना छापे ही लौटा दी। आचार्य अल्पज्ञ ने यारा जी की ललकार को स्वीकारते हुए लिखा था :

माननीय पारा संपादक यारा जी, "जिस जनतांत्रिक खुलेपन की बातें हम बाहर करते हैं, उसकी शुरुआत घर से ही क्यों न की जाए।" पारा के ताजा अंक के संपादकीय 'अपनी ढफली अपना राग' के पहले पैराग्राफ में लिखी आपकी इन पंक्तियों ने मुझे यह पत्र लिखने को प्रेरित किया है। अब मैं पैराग्राफ दर पैराग्राफ आपके इसी संपादकीय में व्यक्त विचारों तक अपनी प्रतिक्रिया को सीमित रखूँगा, प्रसंगवश कहीं और जाऊँगा भी तो यकीन जानिए नितांत आवश्यक होने पर ही। उम्मीद है मुझे भी खुलेपन का लाभ उतना ही मिलेगा, जितना आपने उठाया है।

'पारा' को निकलते हुए पंद्रह वर्ष होने को आ रहे हैं, यह पाठकों को भी खबर है। वे भी 'पारा' से इतने अर्से से उसी तरह जुड़े हुए हैं जैसे आप। आपको तो फिर भी कुछ अंकों का संपादन औरों द्वारा संभाल लेने पर कुछ राहत मिली होगी, पाठकों का जुड़ाव और चाहत तो उन अंकों में भी बनी रही, बल्कि वे अंक अधिक पृष्ठों के होने के चलते ज्यादा समय और धन ले गए, यह दीगर बात है कि बदले में ज्यादा रचनाएँ, विचार और कहीं अधिक समझ भी दे गए।

"जिन्होंने कभी अपने साधनों से कोई पत्रिका नहीं निकाली और हमेशा सेठों या सरकार के सहारे 'क्रांतिकारी पत्रकारिता' करते रहे उन्हें ही 'पारा' को लेकर बड़ी चिंता है।"

आपके इस वाक्य के संदर्भ में मैं सिर्फ यह जानना चाहूँगा कि जिन्होंने आपके सैकड़ों संपादकीयों के मुकाबले तो दूर, जीवन में कभी कोई बेहतरीन, सार्थक एक पंक्ति तक नहीं लिखी, क्या उन्हें आपके संपादकीयों की प्रशंसा करने का कोई अधिकार नहीं है? जो स्वयं एक अच्छी रचना नहीं लिख सकता, क्या वह किसी अच्छी रचना की प्रशंसा भी नहीं कर सकता? किसी रचनाकार से, संपादक से कोई अपेक्षा नहीं रख सकता? यदि हाँ, तो खराब लगने पर खराब कहने का हक भी उसे मिलना ही चाहिए। शायद होता भी हो।

रही बात सेठों और सरकार के सहारे की, सो इन मामलों में 'पारा' भी कहाँ पीछे है?

पिछले चौदह सालों में 'पारा' को समय-समय पर आर्थिक सहयोग देने वाले जो नाम आप ही 'पारा' में उजागर करते रहे हैं उनमें से जरा बताइए तो, कौन-सा गरीबी रेखा से नीचे जीवन-यापन कर रहा है? वे सब सेठ ही तो हैं। उनकी बैलेंस शीट अलबत्ता अपन ने न देखी है, न देखने की कोई इच्छा है। और इस अज्ञान के चलते कह नहीं सकते किस दर्जे के हैं, लेकिन ज्योति बसु के पड़ोस में रहने वाला कोई हम जैसा केवल कलमघिस्सू तो नहीं ही होगा।

ये जो सेठ होते हैं, इनके हाथी के दाँतों की तरह खाने के और, और दिखाने के और दाँत होते हैं। मैं आपको अपने जीवन का एक किस्सा सुनाता हूँ, उससे उम्मीद है ऐसे सेठों की एक, और शायद सही तस्वीर उजागर होती है। हो सकता है इस किस्से को पढ़कर आपका और इन सेठों के प्रति मन में कहीं खुशफहमी पाल चुके पाठकों का भी मोहभंग हो जाए।

मैं बचपन में जिस आश्रम में रहता था, वहाँ सभी मुझ जैसे दीन-हीन, बंधु-बांधव विहीन, या उनके द्वारा निर्ममतापूर्वक वहाँ छोड़ दिए गए बच्चे ही रहते थे।

प्रत्येक दीपावली पर सुबह-सवेरे हम सभी बच्चे पंक्तिबद्ध होकर एक सेठ के दरवाजे पर जाते थे। वह हमारे हाथों पर एक-एक रुपया रखते थे। इस रुपए

से, यदि वह आश्रम में लौटते ही छीन न लिया जाए और उससे आश्रम अधीक्षक अपनी निजी जरूरतें पूरी न कर गुजरे, तो हम सब पटाखे खरीदकर फोड़ते थे और शहर में मच रहे गगनभेदी शोर में एक छोटी-सी आवाज अपने पटाखों की भी जोड़ते थे।

यह सेठ हमें होली से एक दिन पहले भी बीच बाजार में हजारों लोगों की उपस्थिति में एक लिफाफे में कोई मिष्टान्न या सूखे मेवे और दूसरे लिफाफे में कुछ गुलाल, कुछ गुब्बारे भरकर देते थे। यदि सूखे मेवों का लिफाफा हुआ तो वह अधीक्षक के जरिए उसकी रसोई में या किसी दुकानदार तक पहुँच जाता था, यदि अन्य मिष्टान्न का हुआ तो उसे हम ही उदरस्थ करते थे। और उस गुलाल और गुब्बारों से होली मनाते थे। यह सिलसिला जब तक मैं वहाँ रहा, हर साल चला, पहले भी चलता था और बाद में भी चला होगा। उस सेठ के मरने पर यह भूमिका उसके वंशज ने ले ली होगी।

हम सभी बच्चे जब जहाँ अवसर मिलता था, उस सेठ का गुणगान करते थे। खासकर अपने ऐसे शुभचिंतकों के सामने जो हमें केवल मौखिक सहानुभूति या सहारे का आश्वासन देते थे।

कुछ अर्सा बाद हुआ यह कि मैं उन्हीं सेठ के दफ्तर में मुलाजिम हो गया। डेढ़ सौ रुपए वेतन पर। मैंने लगन और मेहनत से काम किया। महीना भर अन्य कर्मचारियों के सामने उनकी उदारता के गुण गाए। महीने के अंत में वेतन रजिस्टर पर दस्तखत करने के बाद जब वेतन का लिफाफा खोला और रुपए गिने तो केवल नब्बे थे। सौ में दस कम। जबकि मेरा वेतन बताया गया था डेढ़ सौ रुपए, यानी सौ से पचास ज्यादा। दस्तखत भी मैंने उतनी रकम पाने के लिए किए थे।

जब सेठजी से इसकी वजह जाननी चाही तो उन्होंने बड़ी सहजता से बताया कि बेटे यहाँ तो यही होता है। सबके वेतन में से कुछ-न-कुछ कटता है। तुम तो जानते हो हम धर्म-कर्म पर कितना खर्च करते हैं। उस सबमें हमारे साथ हमारे कर्मचारियों का भी योगदान होना चाहिए। पुण्य के भागी तो वे भी बनते हैं कि नहीं।

हालाँकि इस किस्से का शेष हिस्सा भी कम रोमांचक नहीं, मैं कैसे इस पुण्यकर्म से मुक्त हुआ, उसे किस अंजाम तक पहुँचाया, यह सब बताने का लोभ संवरण कर पाना खासा कठिन है, फिर भी चूँकि वह यहाँ अप्रासंगिक होगा, सो नहीं बयान कर रहा हूँ।

रहा सवाल सरकार के सहारे 'क्रांतिकारी पत्रकारिता' का, सो यारा जी 'पारा' को भी किसी भी किस्म या दल की सरकारों से या उनके सहारे से कहाँ गुरेज है? सरकारी संस्थानों, प्रतिष्ठानों, यहाँ तक कि फलाँ-फलाँ मुख्यमंत्री के नेतृत्व में फलाँ-फलाँ प्रदेश किस तरह दिन दूनी रात चौगुनी उन्नति कर रहा है, इस आशय

के विज्ञापन 'पारा' में छपते ही रहते हैं। यहाँ तक कि कल्याणसिंह के नेतृत्व वाली उत्तर प्रदेश की उस भाजपा सरकार के भी, जिसे इस आजाद देश के माथे पर सबसे बड़ा कलंक का टीका चस्पाँ करवाने का 'गौरव' प्राप्त है।

'पारा' के लिए आप स्वयं मगध की उस सरकार से एक लाख रुपए ले ही आए थे, जिस पर दलितों और पिछड़ों का नरसंहार करनेवालों को सजा देने की जगह शह और सुरक्षा देने का आरोप था। जबकि ठीक पुरस्कार ग्रहण करने से पहले तक वहां के रचनाधर्मी और सामाजिक कार्यकर्ता आपसे ऐसा करके उनका मनोबल न गिराने का आग्रह और आगाह करते रहे थे। वे सब उसी मगध के थे जहाँ 'पारा' की चार हजार प्रतियाँ बिकने की सूचना आपने बड़े अभिमान के साथ अपने इस संपादकीय में दी है। निश्चित रूप से आपसे ऐसा आग्रह करने वाले वे तमाम भी 'पारा' के पाठक रहे होंगे। 'पारा' को जिलाए रखने वाले रहे होंगे। यह दीगर बात है कि 'पारा' को जिलाए रखने के मामले में आप 'पारा' के पाठकों को नहीं, कुछ सेठों और अपने परिचितों, शुभचिंतकों को पूरा श्रेय देना चाहते हैं।

इसमें भी कुसूर आपका नहीं, आपका हिंदी का साहित्यिक पुस्तकों का प्रकाशक भी होने में निहित है। हिंदी की साहित्यिक पुस्तकों के प्रकाशकों को भी पाठकों पर कतई यकीन नहीं। वे अपने को जिलाए रखने का श्रेय घूसखोर अफसरों, सरकारों, पुस्तकालय अधिकारियों, हिंदी के विभागाध्यक्षों को देते हैं। इनकी एक और आदत आप में भी ज्यों-की-त्यों है। लेखकों को पारिश्रमिक या मानदेय देने के मामले में। वे भी देते तो हैं लेकिन लेखकों के सामने हमेशा दीन-हीन बनकर दिखाएँगे। चाहे हर छठे महीने कार और बँगला क्यों न बदलते रहते हों, कहेंगे यही कि भारी घाटा उठाकर साहित्य सेवा कर रहे हैं। ये लोग भी साहित्य के क्षेत्र में कोई क्रांति या प्रतिबद्धता के चलते नहीं आते, बल्कि उतनी-सी पूँजी में प्रकाशन ही किया जा सकता था, इसलिए आते हैं, और कई तो सिर्फ मित्रों, परिचितों, पुस्तक प्रकाशित देखने के आकांक्षी लेखकों की जेब के सहारे आते हैं। मैं यहाँ कइयों की नई-पुरानी कई गाड़ियों और मकानों के नंबर और पते दे सकता हूँ, लेकिन चूँकि मैं मानता हूँ कि 'पारा' का पन्ना-पन्ना कीमती है, इसलिए सिर्फ संकेत भर करके आपके अगले मुद्दे पर आता हूँ।

'पारा' जितनी मोटी पत्रिका पर उत्पादन व्यय कितना आ सकता है, सभी कटौतियाँ और खर्चे निकालकर उसे बिक्री से कितनी आय हो सकती है (प्रसार संख्या के कुछ संकेत तो आपने दे ही दिए हैं) यह सभी पाठक भले ही न जानते हों, सेठों के यहाँ पत्रकारिता कर रहे मुझ जैसे कुछ पाठक तो रुपया, आना, पाई तक में जानते हो सकते हैं।

यह अलग बात है कि व्यक्तिगत स्वतंत्रता को बनाए रखने के लिए पत्रिका

का कोई संचालक अलग घर और महँगी कार का खर्च बढ़ाकर उसे पत्रिका के सिर पर ला धरे।

औरों की नहीं जानता, मुझ जैसों की चिंता तो यही है कि 'शुभकामनाओं के साथ' पारा को मिलने वाली सहायता के बदले 'पारा' उनसे उऋण होने के लिए ऐसे समझौते न करने लगे कि हमारे हाथ से अपने मन की इकलौती पत्रिका भी उड़न छू हो जाए।

इस अंक में भी आभा वितान के सहयोग की बात आपने कही है। आभा जी का अपना संपादकीय भी इसमें है ही जिसमें उन्होंने एक विदेशी पुस्तक 'इतर योनि' पढ़ने के लिए किस तरह आपने उन्हें प्रेरित किया, इसका जिक्र किया है, उन्होंने उसका जो अनुवाद किया है उसकी भी जानकारी है, उसका विज्ञापन छपवाने में हासिल हैरानी का भी जिक्र है और उस विज्ञापन को प्रकाशित करवाने में उनके मैनेजर की जो भूमिका रही, उसे तक याद करना वे नहीं भूलीं। लेकिन भूलीं तो सिर्फ यह कि आपके सुझाव और पहल पर उस अनुवाद को सुना जाता है कि सँवारा और संपादित किया था युवा कथाकार, मेरे मित्र और पूर्व पड़ोसी धीरू भाई ने।

हो सकता है, आप या आभा जी कहें कि उन्हें इस काम का भुगतान दे दिया गया था, इसलिए उनका जिक्र करें, न करें, हमारी मर्जी। लेकिन हुजूर, भुगतान तो उस अखबार और मैनेजर को भी बराबर दिया गया होगा, जिन्हें याद रखा गया है।

मुझे डर है कि कहीं आप यह न कहें कि धीरू भाई ने कुछ नहीं किया था। वह तो चूँकि मकान बनवा रहे थे, उन्हें मदद पहुँचानी थी, इसलिए यह बहाना खोजा गया था। ताकि उनकी आर्थिक सहायता भी हो जाए और कागजी खानापूर्ति भी।

यह नया भय मुझे इसलिए सता रहा है क्योंकि पिछले दिनों ऐसा हो चुका है। और उस होने-हवाने में वजह और मुख्य कर्ताधर्ता बने धीरू भाई।

कुछ वर्ष पहले मुंबई की एक संस्था से हमारे एक मित्र और गजलगो को एक पत्र मिला कि उनकी साहित्यिक सेवाओं के लिए उन्हें पुरस्कृत-सम्मानित करने का निर्णय लिया गया है। कृपापूर्वक वे मुंबई पधारें ताकि विधिवत् उन्हें सम्मानित किया जा सके। और ऐसा करके संस्था गौरवान्वित हो सके।

गजलकार जी मुंबई गए और जब लौटे तो प्रसन्न थे। उन्हें रह-रह कर यह लग रहा था कि सेठों में भी अभी कुछ हैं जो साहित्य में रुचि रखते हैं, साहित्यकारों का सम्मान करते हैं। और साहित्यकारों में भी धीरू भाई जैसे कुछ हैं जो दूसरों का भी गुणगान करते हैं।

लेकिन उनकी यह खुशफहमी कुछ ही दिन टिकी। एक दिन धीरू भाई के संपादन में निकलने वाली एक साप्ताहिक पत्रिका का एक अंक डाक से आया। उसमें उन्हीं सेठ पर आवरण कथा थी जिनकी संस्था ने उन्हें सम्मानित किया था।

उस आवरण कथा में सेठ जी की प्रशस्ति में स्वयं धीरू भाई ने जो आलेख लिखा था उसमें सेठ जी की उदारताओं, सहृदयताओं के जो किस्से और घटनाएँ गिनाई गईं थीं उनमें एक यह भी थी कि पिछले दिनों जब सेठ जी को यह खबर मिली कि हिंदी के एक सशक्त गीत और गजलकार इन दिनों बेरोजगार हैं तो सेठ जी ने उन्हें अपने खर्चे पर मुंबई बुलाया और अपनी ओर से हजारों रुपए आर्थिक सहयोग के रूप में अर्पित किए।

तो देखा आपने! सेठ लोग एक हाथ से देते हैं, एक हाथ में देते हैं, और ढेरों दिलों से, ढेरों बहानों से, दोनों हाथों से उस देने के बदले चक्रवृद्धि ब्याज सहित श्रेय बटोरते हैं।

आपने लिखा है कि—इधर कुछ 'खोजी श्वान' दूर की कौड़ी पकड़ लाए हैं कि देवानांप्रिय 'पारा' की लाखों की प्रतियाँ खरीद रहे हैं।

यारा जी, यदि यह जानकारी जुटाने मात्र से कोई 'खोजी' हो जाता है और यह काम सिवा 'श्वान' के कोई नहीं कर सकता, तो ऐसे 'खोजी श्वानों' में आप तो आला दर्जे के 'श्वान शिरोमणि वह भी खोजी' ठहरते हैं। जानना चाहेंगे क्यों? क्योंकि ये 'श्वान' तो एक ही व्यक्ति के बारे में और वह भी बहुत पास की कौड़ी खोज पाए हैं, जरा याद कीजिए अपना 'आत्मनिवेदन' जिसमें आप कइयों की और वह भी बहुत दूर-दूर की कौड़ी खोज कर लाए थे।

'पारा' में कभी आपके नाम से जो आत्मनिवेदन छपा था, उसके कुछ अंश शब्दशः मैं यहाँ उद्धृत कर रहा हूँ। यदि स्थानाभाव न हो और आपको दुविधा न हो (किसी और किस्म की) तो इन्हें 'पारा' के पाठकों को फिर एक बार पढ़ लेने दीजिएगा। फिर वे ही तय करें कि बड़ा 'खोजी श्वान' कौन है।

अपनी मृत्यु के बाद हो सकने वाले जमावड़े और शोक सभा की कल्पना करते हुए आपने लिपिबद्ध किया है—"आपको मालूम है, कौन-कौन साहब कहाँ-कहाँ होंगे, कौन घर आएगा, कौन सीधे पहुँचेगा तथा किसको वहाँ से दारू पार्टी में जाना है और किसको शादी, अभिनंदन, विमोचन या जन्मदिन पर...."

"....अहमदाबाद से लौटने और कलकत्ता जाने के बीच के घंटों में ओसो समीक्षाचार्य तो लिफ्ट न मिलने के कारण आ नहीं पाएँगे, बिना लिफ्ट या सीढ़ी के बाथरूम तक नहीं जाते...."

"....अमित रेडियो की रिकार्डिंग से दौड़े-दौड़े आएँगे और किसी 'क़ोल्हू', 'रहट' उपनामी या 'सैयाँ के पैयाँ परूँ'—छाप कवि का इंटरव्यू लेने वापस दूरदर्शन भागेंगे ....बहुस्तरीय पापी पेट का सवाल...."

"अधिकांश साहित्यकार शोकाकुल बने अशोक निंदा में व्यस्त इधर-उधर टहलेंगे....कहानी, समीक्षा, राजनीतिक पत्रकारिता, अपने महत्व पर खुद शेखी भरी

अफवाहें फैलाने, फिल्म-लेखन, दूरदर्शन, फ्लैट दबोचने, झूठ बोलने के कीर्तिमान स्थापक, प्रेमिकाबाजी में जड़-मूल से महान क्रांतियाँ पैदा करने वाला कामेश्वर मनगढ़ंत लतीफे (यह सब जान पाना खोजी श्वान के सिवा किसी के वश का नहीं यारा जी, बहरहाल), वार्त्तालाप या घटनाएँ या दूसरों की नीचताएँ, कमीनापन उजागर करते हुए सिद्ध करेगा कि....''

''....देवव्रत....बहू विरोधी सास की तरह युवा प्रतिभाओं का यह शत्रु, गमगीन और मिस्कीन चेहरा बनाकर कहेगा—यार, मुझे तो तब सूचना मिली जब मैं होनोलूलू में साहित्य पर पाँच लाख का पुरस्कार लेकर टिम्बकटू में मिनी शंकराचार्य का फिल्मी रोल करने गया था....''

''....मगर संतमुखी इस शैतान (देवव्रत साहनी) की भीतरी शिकायत यही होगी कि समय-असमय फोन से अब अश्लीलतम पंजाबी चुटकुले किसे सुनाएगा या हाथ मिलाते ही उँगली से हथेली पर गुह्य इशारे किससे करेगा....''

यारा जी, हम पाठकों को 'पारा' के शत्रुओं की परवाह नहीं। उनसे तो हम जब जरूरत आन पड़ेगी दो-दो हाथ भी कर ही लेंगे। यह मेरा बड़बोलापन हो सकता है, हो यह भी सकता है कि जब ऐसी नौबत आए तब हम गढ़ा पत्थर उखाड़ने का अभिनय करते दिखाई दें, बहरहाल, हम 'पारा' के शुभचिंतकों से चिंतित हैं।

क्यों? इसके उत्तर में फिर आपके आत्मनिवेदन को ही आशा भरी नजरों से देख रहा हूँ।

''....आपने तो तय कर लिया कि जब अपने लिए कुछ नहीं चाहिए तो दुनिया भर की लटर-पटर क्यों करें? जो ठीक लगेगा, बोलेंगे....जो समझ में आएगा, लिखेंगे ....मन होगा सो पढ़ेंगे।....आप क्यों यह मानते हैं कि जरूरत तो न देवव्रत को है, न समीक्षाचार्य को, न अमित कुमार को है, न कामेश्वर को, न मनोहर जोशी को। सभी के बेहद संक्षिप्त परिवार हैं और वे सभी व्यवस्थित हैं। हाँ, शायद इन सबको न जाने कितने भाई-भतीजे फिट करने हैं। नाती-पोतों के भविष्य बनाने हैं, झूठ-सच, कंजूसी-कमीनापन और दुनिया-भर की पंचायतें करनी हैं। वाइस चांसलर, गवर्नर, एम.पी., पी.एम. बनना है। यानी सभी कुछ वह करना है जो हर्षद मेहता, नटवरलाल या हाजी मस्तान को करना है....''

यारा जी, यहाँ रोचक तथ्य यह है कि इनमें से बहुत-सी खोजें आपने तब की हैं जबकि आप 'मर' चुके हैं। इन खोजों के आगे कोई जीवित 'खोजी श्वान' तो क्या 'खोजी गिद्ध' भी नहीं ठहरता, जिसकी जद में सारा आकाश रहता है।

यदि किसी ने इन तमाम हालात के चलते आपकी या 'पारा' की शुभचिंता कहीं प्रगट कर दी तो उन्हें भी नीरक्षीर विवेकी 'हंस' ही जानिए, गिद्ध न मानिए।

सचमुच अश्लील या यह सब लिखना खुद बहुत शालीन नहीं लग रहा। मगर

कहीं इतने भर से आप उखड़ न जाएँ, अपने हाथ न खींच लें, सो लिख रहा हूँ। संघर्षशील लोगों के पास जीवनीशक्ति ही होती है। उन्हें इससे अधिक की कामना और चाहना करनी भी नहीं चाहिए। वह सब जुट गया तो वे अपने लक्ष्य से च्युत हो जाते हैं। सीमा पर वीराने में, कच्छ के रण में, सीमा सुरक्षा पर लगे सैनिक जवान को वातानुकूलित कक्ष में बैठकर वह काम अंजाम देने की इच्छा नहीं रखनी चाहिए। देखने वालों को उसकी विवशता नहीं, अभाव नहीं, उसकी कर्मठता और साहस लुभाता है, उसी के चलते वे उस पर अभिमान करते हैं।

कहना न होगा, यारा जी ने आचार्य अल्पज्ञ की इस पत्र-प्रतिक्रिया को पारा में नहीं छापा। बहरहाल, हम जिक्र कर रहे थे राविना का।

राविना जी की दिली इच्छा थी कि उन्हें उनके प्रदेश का सबसे बड़ा साहित्यिक सम्मान मिले जो केवल शिखर पुरुषों को मिलता है। इसके लिए वे वर्षों से प्रयासरत थे। साहित्य में छिटपुट लेखन की बेगार भी वे इसीलिए करते रहते थे वरना उनका गुजारा तो अपनी खोज रपटों को लिखने भर से चल जाया करता था। साहित्य में वह भी भारी-भरकम पत्रिका निकालना उनके लिए इसलिए सहज और सरल था चूँकि वे ऐसे महकमे में थे जहाँ होने के बाद कम-से-कम रकम के अभाव में कोई काम अटके, कोई इच्छा अधूरी रह जाए यह असंभव था। यदि उनका जोर चलता यानी उनकी लाठी का जोर चलता तो वे कब के शिखर पुरुष भी हो गए होते, पर उस क्षेत्र में ऐसा था कि जो लोग अनुशंसा करते थे उन पर लाठी का जोर चलाना काम बनाना तो दूर हमेशा के लिए इस संभावना को ही खत्म कर सकता था।

इधर हाल में ऐसे आसार बनते नजर आए जो राविना जी की सालों पुरानी इच्छा को फलीभूत कर सकते थे। हुआ यह कि एक साहित्यकार के नाम पर दिए जानेवाले एक पुरस्कार के इस बार के निर्णायक राविना जी ठहरा दिए गए। वजह बिल्कुल साफ थी। उनके नाम से कुछ किताबें छप चुकी थीं। वह एक पत्रिका के संपादक थे। इस प्रतियोगिता में यों तो ढेरों रचनाएँ आईं लेकिन राविना जी मन ही मन एक लेखक को यह पुरस्कार देने का फैसला कर चुके थे। इस फैसले तक उनके पहुँचने की वजह बिल्कुल साफ थी। वह लेखक अफसर बिरादरी का लेखक था। अफसर भी छोटा-मोटा नहीं, आला दर्जे का अफसर। जिसके कहने से उसके प्रदेश की सरकारी मशीनरी ही नहीं मुख्यमंत्री तक चलने को सहमत रहता था। यदि राविना जी जिस पुरस्कार के निर्णायक बनाए गए थे, वह पुरस्कार उसे दिलवाने में कामयाब हो जाते हैं तो यह संभावना बनती थी कि वह भी बदले में इन्हें अपने रसूख के बल पर शिखर पुरुष बनवा दे।

इस हाथ दे उस हाथ ले जैसा दीखनेवाला यह मामला उतना साफ नहीं था

जितना नजर आ रहा था। इसमें एक-दो अड़चनें भी थीं। पहली तो यही कि उस लेखक की रचना की संस्तुति किसी ने भी नहीं की थी। चलो कोई बात नहीं, पुरस्कार के नियमानुसार निर्णायक अपनी ओर से भी ऐसी रचना शामिल कर सकता था जो पुरस्कार वर्ष में छपी तो हो लेकिन जिसकी अनुशंसा किसी ने न की हो। पुरस्कार के संविधान के मुताबिक निर्णायक अनुशंसाओं से बँधा हुआ नहीं था। उसे अनुशंसाओं से बाहर अपनी पसंद की रचना को भी विचार के लिए शामिल कर लेने और उस पर पुरस्कार तक घोषित कर देने का हक हासिल था। एकाध बार अन्य निर्णायकों ने ऐसा ही किया था। लेकिन दूसरी एक अड़चन और थी जो ज्यादा पेचीदा थी। वह यह कि पुरस्कार कहानी पर दिया जाना था जबकि उस अफसर की जो छपी हुई रचना राविना जी के ध्यान में थी वह लघुकथा थी। कहानी एक ही चुननी थी जबकि उस अफसर लेखक की एक साथ सात रचनाएँ छपी थीं। जाहिर है जिस पत्रिका में वे छपी थीं उस पत्रिका के संपादक में इतना साहस नहीं रहा होगा कि वह अफसर लेखक की कोई एक रचना छाप दे और शेष लौटा दे। उसने सभी को छाप देना ही सुविधाजनक समझा होगा। अब वही सुविधा राविना जी के सिर पर असुविधा बनकर चढ़ बैठी थी। उन्हें डर था कि कहीं उन्होंने यह कह दिया कि इस अफसर लेखक की यह इकलौती रचना सर्वश्रेष्ठ है तो वह इस बात के लिए बुरा मान सकता है कि उसकी छह रचनाएँ राविना जी ने सामान्य बताईं। अब अनुपात की दृष्टि से देखने पर यह मानना उनके प्रति नाराजी ज्यादा पैदा करेगा, शाबासी का हकदार कम बनाता।

कुछ दिनों तक उन रचनाओं को तकिए के नीचे रख कर सोने और दुविधा में बने रहने के बाद राविना ने उन रचनाओं को छापने वाले संपादक का अनुसरण किया। उन्होंने अपने निर्णय में लिखा कि चूँकि इस पुरस्कार का मकसद रचनाधर्मिता को बढ़ावा देना है और लघुकथा भी अपने आप में मुकम्मल कहानी ही होती है, लिहाजा मैं बतौर निर्णायक, अफसर लेखक की सातों लघुकथाओं को समानरूप से श्रेष्ठ मानते हुए सातों को पुरस्कृत करने की संस्तुति करता हूँ। यह पुरस्कार समिति तय करे कि वह सातों पर लेखक को एक ही पुरस्कार राशि देना चाहती है या सात। यदि समिति के पास सात पुरस्कार राशियों जितनी रकम देने की गुंजाइश न हो तो वह कमी मैं पूरी कर सकता हूँ। मेरी निर्णायक के रूप में नहीं, व्यक्तिगत रूप में यह राय है कि लेखक को सात पुरस्कारों जितनी राशि दी जानी चाहिए ताकि उसकी किसी भी रचना का अपमान न हो और उसे ऐसा न लगे कि उसकी श्रेष्ठ रचना पर भी उसे पुरस्कार राशि का सातवाँ अंश ही मिला।

कहना न होगा, वही हुआ। अफसर लेखक को सात पुरस्क़ारों जितनी राशि दी गई। लेखक पुरस्कार लेने अकेला नहीं आया था, पूरी एक बोगी एक राजधानी

से भर कर दूसरी राजधानी और दूसरी राजधानी से पहली राजधानी तक शताब्दी एक्सप्रेस में आई-गई थी। बाद में राविना भी शिखर पुरुष बनने के लिए अपने संगी साथियों सहित राजधानी एक्सप्रेस की एक पूरी बोगी भर कर दो राजधानियों के बीच चलायमान नजर आए।

जिन दिनों राविना जी खुद को शिखर पुरुष मनवाने में जुटे थे, उन्हीं दिनों वीणावर्धन वाला यह अप्रिय प्रसंग उठ खड़ा हुआ। हालाँकि इस पूरे प्रसंग में कहीं भी पणिपुत्री या यारा जी नजर नहीं आ रहे थे, लेकिन राविना जी की पुलिसिया नाक ने तत्काल सूंघ लिया कि यह सब कहाँ से और क्यों संचालित हो रहा है। राविना जी ने अपनी आदत के मुताबिक अपने एक हाथ की हथेली को अपनी ही जाँघ पर जोर से मारा जैसे किसी और से अपनी बात के समर्थन में दे ताली की क्रिया क्रियान्वित करने को कह रहे हों, और तय किया कि यारा जी को, पणिपुत्री को और लगे हाथ हो सका तो पिद्दी न पिद्दी का शोरबा उस नारा के बच्चे को वह पटकनी दूंगा कि वीणा जी का नाम जेहन में आते ही थर्राएँगे। नाशुक्रे ससुरे, इतने अहसान किए इन पर। जब कभी किसी मुसीबत में फँसे, बचाया। उस पणिपुत्री के पति की जमीन पर से नाजायज कब्जा हटवाया। यदि मैंने वह जमीन खाली न कराई होती तो किस कंदरा में बनाता अपना नीलपद्म? यारा को कितनी बार विज्ञापन के नाम पर मदद दिलवाई? इस नारा के बच्चे की महबूबा को जहाँ उसने कहा वहाँ पोस्टिंग दिलवाई, फिर भी वीणा की छीछालेदर कर के मजे ले रहा है? जबकि वह भी जानता है, और वही क्या, ये तमाम लोग जानते हैं कि वह मेरी है। उस पर मेरी नजर है। फिर भी???

अगले दिन भभूत साहित्य के अभूतपूर्व संपादकशिरोमणि श्रीमान राविना जी सदलबल आचार्य अल्पज्ञ के घर जा पहुँचे। राविना जी अपने साथ अपने गणधर ही नहीं, आचार्य अल्पज्ञ के अड़ोस-पड़ोस में रहने वाले कई लेखकों और साहित्य रसिकों को भी लाए थे और साथ में लाए थे अपनी शाम की साथी मय की बोतल। आचार्य अल्पज्ञ ने ठीक उसी समय यारा जी की आत्मकथा झुक-झुक कर देखता हूँ पर एक छोटी सी समीक्षा लिखकर पूरी की थी। स्वागत सत्कार के बाद सबके आग्रह पर अल्पज्ञ ने अपनी लिखी समीक्षा का सार्वजनिक पाठ शुरू कर दिया।

वरिष्ठ कथाकार, पारा के संपादक, प्रसार भारती के पूर्व सदस्य, वर्णमाला प्रकाशन के संचालक और न लिखने के कारण तलाशने में वर्षों से तल्लीन श्री यारा जी ने झुक-झुकके देखता हूँ नाम से जो लग-भग आत्मकथा प्रकाशित करवाई है और जिसमें इस नाचीज को अपने जीवन और क्रियाकलापों पर निरंतर पैनी नजर रखनेवाला घोषित किया है, सबसे पहले तो अपनी अक्षमता को कुबूल करता है। इसे यह मानने में जरा भी झिझक नहीं कि यह तो क्या कोई भी खोजी श्वान उन

पर नजर रख ही नहीं सकता। इसमें जो दर्ज है वह शायद ही इसके छपने से पहले किसी को ज्ञात रहा हो, ऐसे में यारा जी का यह कहना कि इस नाचीज की उन पर नजर है, सौजन्यतावश कहा गया ही लेखना चाहिए।

बहरहाल, हम इस आत्मकथा पर आते हैं। यदि पचीस साल पहले यह आत्मकथा आ गई होती तो संभव है इस पढ़ाकू को रोटी-पानी का जुगाड़ भिड़ाने के लिए यों दर-दर न भटकना पड़ता। एकाध किताब लिखकर ठाठ से न लिखने का कारण खोजने की जुगाली करता। स्त्रियों और दलितों का खैरख्वाह होने का दंभ और दावा भरता-करता। दरअसल, यारा जी की इस लग-भग आत्मकथा में पहले पन्ने से आखिरी पन्ने तक लेखक होकर जीने की कला और कौशल का विस्तार से वर्णन है। इसीलिए मैं इसे लेखकीय जीवन की कुंजी कहना चाहता हूँ। यह आत्मकथा बताती है कि थोड़ा लिख बहुत सुख पाना, केवल लिखकर जीवन बिताना का सूत्र क्या है, रास्ता क्या है, सुख क्या है, सावधानियाँ क्या हैं और यह भी कि सुखद परिणति क्या है।

इस आत्मकथा के अनुसार इसकी विधि यह है कि आरंभ में कुछ ऐसा लिखो जिस पर आलोचक भले ही न रीझें, कुछ किशोरियाँ, विधवाएँ, युवतियाँ, पतिव्रताएँ जरूर बलिहारी जाएँ। अब लिखना-विखना मुल्तवी करके उन सबको साधना शुरू करो। धनी विधवा को दीदी बना लो। वक्त-बे-वक्त आर्थिक मदद उपहारों के बहाने करती रहेगी। दूसरी किसी अमीर पत्रकार की वक्त की मारी गरीब लड़की से छुआ-छुऔअल की कोशिश करो। किसी एक और को शादी के सब्जबाग दिखाकर उलझाए रखो। किसी और एक लिखने-पढ़नेवाली से शादी कर लो। उसे नौकरी पर लगा दो। वह कमाती रहे, घर चलाती रहे, बच्चे पालती रहे, आप 'लेखन' करते रहो। कहीं चाकर होने की जरूरत नहीं। घर में एक चौबीसों घंटे की चाकरी करनेवाला तो हो ही गया। फिर उसी की बचत से प्रकाशन खोलो। उसमें कूड़-कबाड़ छापते रहो। गप्प-गपास्ठक का ठीया बनाओ। प्रकाशन के नाम पर उसके लिए कर्ज उठाओ। कमाकर न दे पाओ, कुर्की की नौबत आए, चिंता मत करो। कमाऊ पत्नी उबार ही लेगी। फिर पत्नी की बचत से घर खरीदो। कार लो। नौकर रखो। न लिखने के कारण तलाशो। घर-गृहस्थी में खटते-खटते पत्नी का लेखन छूट रहा हो तो उसकी चिंता न करो। उसे आराम न दो। उसे यह मत कहो कि अब तुम घर बैठकर अपना लेखन करो। परिवार मैं चला लूँगा। आखिर तुमने अपनी और अपनों की इतनी रकम लगाकर मुझे प्रकाशन खुलवाया है। न, यह मत कहो। कहीं ऐसा न हो कि वह लेखन क्षेत्र में इतनी कद्दावर हो जाए कि आपका अपना कद बौना नजर आने लगे।

बल्कि उससे उलट यह करो कि पुरानी प्रेमिकाओं में से किसी एक को शादी

के बाद भी अपने साथ उलझाए रखो ताकि पत्नी पर यह धौंस जमाई जा सके कि तू नहीं तो और सही। मुँह से कभी न कहो बल्कि आचरण से सिद्ध करो। अपनी किताबों की रायल्टी वसूलो और प्रेमिका को साथ ले पहाड़ पर निकल जाओ। बार-बार एक ही तरीका मत दोहराओ। कभी प्रेमिका को अपने ही घर बुला लो। कभी उसके घर में जाकर रहने लगो। उसके घर में जाने से पहले पत्नी से मनमुटाव जरूर करो ताकि उसे यह लगे कि लेखक पति नाराज होकर गया है। कुछ दिन बाद उदारता दिखाते हुए लौट आओ। कभी किसी पाठिका के चाहने पर सुदूर गुजरात जाओ और उसके नपुंसक पति के चलते अधूरी रह गई उसकी माँ बनने की इच्छा पूरी करो। भले ही ऐसा करने के बारे में पता चलने पर आपका परम मित्र आपसे यही सवाल क्यों न कर गुजरे कि यार तू क्या किराए का सांड है?

जब प्रकाशन ठप हो जाए, जाहिर है सारा ध्यान उड़ाने-खाने, प्रकाशन की नहीं अपनी छवि बनाने में जाएगा, तो उसे तो ठप होना ही होना हुआ। तब अपनी पत्नी और उसके पीहरवालों की मदद से कोई पत्रिका शुरू करो। उसमें स्त्रियों को जरूरत से ज्यादा जगह दो। झंडावरदारी करो। पत्नी यदि आपत्ति करे, न भी करे तो भी प्रचारित करो कि वह करती है, और उधर पत्नी की नौकरी भी समाप्त होने को जा रही हो, तब उसे अकेला छोड़कर कहीं और रहने लगो। पत्रिका और उसमें छपने की चाह रखनेवाले जिलाए रखेंगे ही। हो सके तो यह भी ऐलान कर दो कि दरअसल पत्नी जो है सो भाजपाई है और मैं वह नहीं हूँ। उसे मेरा अन्य स्त्रियों के साथ संबंध रखना गवारा नहीं था, लिहाजा ऐसी पत्नी के साथ रहना हो नहीं सकता था। उसे लेकर मेरे मन में सेक्स की फीलिंग ही नहीं होती थी। जाहिर है यह कहते ही आप चर्चा में होंगे और जीवन भर नेपथ्य में रही पत्नी गर्क में।

तो देखा आपने, है न कमाल की आत्मकथा और साथ ही लेखक के रूप में, पूरा जीवन आन-बान-शान और सम्मान से बिताने का नुस्खा बतानेवाली किताब।

अल्पज्ञ के समीक्षा पाठ के बाद कुछ देर उस पर चर्चा-विचर्चा हुई। इस बीच सुरापान भी चलता रहा।

राविना जी ने अल्पज्ञ के सामने यह प्रस्ताव रखा कि यदि कोई आपत्ति न हो और समीक्षा में कोई फेरबदल न करनी हो, तो यह समीक्षा भभूत साहित्य के लिए दे दीजिए।

अल्पज्ञ ने उन्हें बताया कि अव्वल तो अभी समीक्षा में काफी विस्तार और सुधार की गुंजाइश महसूस कर रहा हूँ, तिस पर यह समीक्षा मैं पारा के लिए यारा जी को देने का इरादा रखता हूँ। हाँ, यदि उन्होंने छापने में असमर्थता दर्शायी तो भभूत को दी जा सकेगी।

समीक्षा संबंधी चर्चा पर यहीं विराम लगा कर राविना जी बोले, "अल्पज्ञ जी,

आपने वीणावर्धन के चौर्यकर्म को उजागर करके बड़ा ही नेक काम किया है। मैं जब आपकी टिप्पणी पढ़ रहा था तब मुझे ऐसा आभास हुआ था गोया आपके पास कुछ और भी ऐसी सामग्री है जो कुछ लोगों के चौर्यकर्म को बेनकाब कर सकती है। मेरा अंदाज सही है या गलत?"

मंदमंद मुस्कान बिखेरते, अपनी समीक्षा की वाहवाही और सुरापान की खुमारी से अघाए अल्पज्ञ बोले, "यकीनन, आपने सही अंदाज लगाया। मेरे पास ऐसे कई लेखकों के कच्चे चिट्ठे हैं जिन्होंने किसी और की रचना से कहीं भाव, कहीं भूमि और कहीं-कहीं तो पूरी कथा ही शब्दशः उड़ा ली है। मसलन वीणावर्धन का ही एक और चौर्यकर्म। पणिपुत्री के एक नहीं तीन-तीन चौर्यकर्म। आभा वितान का चौर्यकर्म। राजदुलारे का चौर्यकर्म। सुराजकुमार का चौर्यकर्म। और भी कई लेखकों का।"

"चलिए समीक्षा तो आप नहीं दे पाएँगे, हालाँकि यह भी हम छापना चाहते हैं, क्या ऐसा नहीं हो सकता कि आप इन सब चौर्य कर्मों को क्रमशः लिखें और हमारी पत्रिका को दें? हम उन्हें लगातार छापेंगे।" राविना जी ने प्रस्ताव रखा।

"क्यों नहीं हो सकता। बखूबी हो सकता है। उस हालत में मैं यह चाहूँगा कि जिन जीवित लेखकों के बारे में मेरे द्वारा लिखा जाए उनकी अपनी प्रतिक्रिया भी साथ ही छापी जाए ताकि ऐसा आभास न हो कि यह सब विद्वेश में लिखा गया है।"

"ऐसा ही होगा। आप हमें कम से कम दो किस्तें दीजिएगा। यदि वे दोनों ही जीवित लेखकों पर हुईं तो हम उन्हें उनके पास भेजेंगे। जिनका उत्तर पहले आ जाएगा उसे पहले छापेंगे। इस तरह हमें भी किस्त का अभाव नहीं रहेगा और आपको भी आगे लिखने के लिए समय मिलता रहेगा।"

"मुझे कोई असुविधा या आपत्ति नहीं।" अल्पज्ञ ने सहमति जताई।

तब सब की सलाह से यह तय पाया गया कि आचार्य अल्पज्ञ जो आलेख लिख कर दिया करेंगे उसे साहित्य में तस्करी उर्फ खुर्दबीन शीर्षक से भभूत साहित्य में छापा जाएगा।

सब तय हो जाने के बाद राविना जी विदा लेकर चले आए।

अगले कुछ ही दिनों में आचार्य अल्पज्ञ ने उन्हें दो किस्तें लिखकर पहुँचा दीं। एक किस्त थी आभा वितान और वीणावर्धन के चौर्यकर्म पर और दूसरी थी पणिपुत्री के चौर्यकर्म पर जो उन्होंने अपने पहले उपन्यास 'यह मेरे लिए नहीं' में किया था। इस उपन्यास के उत्तरार्द्ध में उन्होंने अपने ही समकालीन एक वरिष्ठ लेकिन कस्बाई लेखक के उपन्यास की पूरी कथा ही ज्यों की त्यों उतार ली थी। अंतर केवल इतना था कि वहाँ जो काम नायक के हाथों संपन्न हुए थे, वे यहाँ नायिका को संपन्न

करते वर्णित किया गया था।

इसी के साथ आचार्य अल्पज्ञ ने संकेत दिया था कि तीसरी किस्त में वे पणिपुत्री के एक नहीं दो-दो चौर्य कर्मों का उद्घाटन करेंगे जो उन्होंने अपने नए उपन्यास धाक में बेधड़क किए हैं। इनमें से एक है एक अन्य उपन्यासकार के उपन्यास के नायक-नायिका के बीच घटित हुआ वर्णित एक चित्रण जिसमें कुवाँरे डॉक्टर नायक से एकांत में उसकी विवाहित मित्र नायिका मिलने आती है और प्रणय निवेदन करती है। ठीक वैसा ही धाक में पणिपुत्री ने भी हुआ वर्णित किया है। उनके उपन्यास में भी संयोग से कुवाँरे डॉक्टर नायक से एकांत में उसकी विवाहित मित्र नायिका मिलने आती है। वही सब संवाद और स्थितियाँ दरपेश आती हैं। अंतर केवल इतना है कि उस उपन्यासकार के नायक-नायिका संयम से काम लेते हैं लेकिन पणिपुत्री के नायक-नायिका कामक्रीड़ा को भी अंजाम देते हैं।

भभूत के आगामी अंक में इस आशय की घोषणा छपी कि अगले अंक से विद्वान समालोचक आचार्य अल्पज्ञ का एक आलेख नियमित रूप से आया करेगा जिसमें वह साहित्य में तस्करी को उजागर करेंगे।

उससे अगले अंक में केवल पणिपुत्री वाला प्रसंग छपा देखकर आचार्य अल्पज्ञ अवाक् रह गए। उसके साथ न तो अगली किस्त की सूचना थी, न ही पणिपुत्री या जिन लेखक की रचना की नकल करने का उन पर दोष मढ़ा गया था, उनका ही कोई स्पष्टीकरण था।

आचार्य अल्पज्ञ ने भभूत संपादक से संपर्क का बहुतेरा प्रयास किया लेकिन वह पकड़ में नहीं आए। उनके साथ जिन लेखक का नाम संयुक्त संपादक के रूप में छपता है, उन्होंने दो टूक शब्दों में बताया कि बंधु भभूत में मेरा नाम छपता है यह मेरा सम्मान नहीं अपमान है। मैं जिस प्रदेश में रहता हूँ और कहीं भी पी कर लुढ़क जाने की जो मेरी लाचारी है उसके चलते मैं राविना जी से मना भी नहीं कर सकता कि वे मेरा नाम न छापा करें। ऐसा कहने पर कहीं वह नाराज हो गए तो मुझे तो किसी भी दिन कहीं भी किसी भी आरोप में अंदर करवा देंगे। रहा सवाल यह कि भभूत में कब क्या छपे यह मैं नहीं राविना जी के साथ शाम को दारूगट्टा करने वाली चंडाल चौकड़ी तय करती है।

बंधु आपके हाथों राविना जी को पणिपुत्री को और परोक्ष रूप में यारा जी को पटकनी देनी थी सो वह उन्होंने दे ली। अब आप इस भरोसे तो तस्करी खोजने की जहमत उठाना नहीं कि वह भभूत में छप जाएगी। यह सब किसी से कहिएगा नहीं, यदि कहा तो मैं अभी से बताए दे रहा हूँ कि मैंने इसमें से आपसे कुछ भी नहीं कहा। हाँ, आप यह जान कर खुश हो सकते हैं कि आपके श्रम की सार्थकता यह रही कि कम से कम अब पणिपुत्री तो साहित्य अकादमी पुरस्कार पाने से रहीं

क्योंकि जो सच्चाई आपने उजागर की है उसे मेटा नहीं जा सकता। वजह आप भी जानते होंगे कि ये रचनाएँ पहले से छपित रूप में सबके सामने हैं, जिनमें परिवर्तन संभव नहीं।

आचार्य अल्पज्ञ को यों तो समझ में आ ही गया कि उसे निष्पक्ष जान उसका इस्तेमाल किया गया है। भभूत संपादक ने नियोजित ढंग से इस काम को अंजाम दिया है, उन्हें अपने किए पर जरा भी अफसोस न होगा, बल्कि वे बेहद खुश हो रहे होंगे, फिर भी आचार्य अल्पज्ञ ने उन्हें एक खत लिख भेजा :

बहुतों के मुँह से यह कहावत सुनता आया था, और एक बार अपने घर में चोरी हो जाने पर जब थाने में रपट लिखवाने गया था, तब स्वयं भी उस कहावत का शिकार बना था, कि पुलिसवाले रपट लिखाने आए व्यक्ति के खिलाफ ही मुकदमा दर्ज कर लेने में भी माहिर होते हैं। कोई कार्यवाही करने के समय उनकी नजर में यह तथ्य नहीं रहता कि आततायी कौन है और सताया गया कौन है। उनकी नजर में तो एक ही तथ्य और लक्ष्य होता है—निचोड़ा किसे जा सकता है। चाहे वह इस धरांधाम पर ड्यूटी दे रहा हो या परसाई जी ने उसे चांद पर भेज दिया हो।

पुलिस विभाग की यह कला और कौशल भभूत साहित्य के हे अभूतपूर्व संपादक राविना जी, आप अपने साथ साहित्य में भी लेते आए हैं यह अब जाना, जब भभूत साहित्य के संपादक की हैसियत से आपको कुछ सामग्री प्रकाशन के लिए सौंपी।

आप मेरे घर पधारे। मेरे मुहल्ले के तमाम साहित्यिक बंधुओं की उपस्थिति में, आपने मेरी-अपनी बातचीत के आधार पर यह घोषणा की कि आचार्य अल्पज्ञ भभूत साहित्य के लिए एक नियमित स्तंभ लिखना शुरू कर रहे हैं, जिसमें साहित्यिक तस्करी के मामले उजागर किए जाएंगे।

आपने वहां उपस्थित प्रबुद्धजनों से उक्त स्तंभ का कोई उपयुक्त नाम सुझाने को कहा। और कई नामों पर विचार-चर्चा के बाद तय पाया गया कि उस स्तंभ का नाम 'खुर्दबीन' होगा। उस दिन इस निर्णय पर पहुंचने के बाद मैंने यारा जी की आत्मकथा 'झुक-झुकके देखता हूँ' पर लिखी अपनी समीक्षा का पाठ भी किया था।

जैसा कि तय हुआ था, मैंने खुर्दबीन स्तंभ की दो किस्तें आप तक पहुंचाईं। चूंकि आपने ऐसा ही चाहा था। आपने कहा था कि कम-से-कम दो किस्तें साथ-साथ देनी होंगी। आप उन्हें उन लेखकों के पास भेजेंगे, जिन पर उनमें तस्करी के आरोप रहे होंगे। यदि कभी किसी लेखक ने अपना स्पष्टीकरण भेजने में देर की तो कम-से-कम एक अंक में छापने योग्य सामग्री तो हाथ में रहेगी। आपने यह भी बताया था कि जीवित लेखकों के संदर्भ में आपकी पत्रिका की यही योजना रहेगी कि खुर्दबीन की तत्संबंधी किस्त के साथ उनका स्पष्टीकरण भी जाए।

संयोग से भभूत साहित्य को जो दो आरंभिक किस्तें मैंने लिखकर दी थीं, वे दोनों जीवित लेखकों पर थीं। पहली किस्त में आभा वितान और वीणावर्धन के लेखन में जो औरों का लेखन मुझे नजर आया, उसका उल्लेख था और दूसरी किस्त में पणिपुत्री के 'यह मेरे लिए नहीं' उपन्यास और गठरी सिंह के 'पाषाण क्रंदन' में जो समानता दिखाई दी, उसे उजागर किया था।

भभूत साहित्य के मई अंक में यह घोषणा छपी कि अगले अंक से आचार्य अल्पज्ञ खुर्दबीन नाम से एक स्तंभ लेखन शुरू कर रहे हैं।

जून अंक में कायदे से तो आभा वितान और वीणावर्धन पर लिखी किस्त छपी होनी चाहिए थी लेकिन छपी पणिपुत्री और गठरी सिंह पर लिखी किस्त। ऐसा क्यों हुआ, आप ही जानें। जैसा तय हुआ था, इसके साथ न पणिपुत्री का स्पष्टीकरण था, न गठरी सिंह का। यदि बिना स्पष्टीकरण के सामग्री छापने का निर्णय ले ही लिया गया था तो फिर वीणावर्धन और आभा वितान पर लिखी किस्त भी छापी जा सकती थी।

जून में अगले अंक की घोषणा में यह भी घोषणा थी कि खुर्दबीन की अगली किस्त अगले अंक में आएगी।

लेकिन ऐसा नहीं हुआ! जुलाई अंक में खुर्दबीन की अगली किस्त नदारद थी, अलबत्ता पहली किस्त पर पणिपुत्री का स्पष्टीकरण जरूर छपा देखा।

इस बीच मैं तीसरे अंक के लिए भी सामग्री तैयार कर चुका था। पता चला आप तो दिल्ली से स्थानांतरित हो लखनऊ चले गए हैं। आपके मुद्रक ने बताया कि एक और संपादक श्री अग्रवाल ने कहा है कि खुर्दबीन अब कभी भभूत में नहीं छपेगा। सामग्री की जरूरत नहीं है। जो एक किस्त भभूत के पास है वह भी मुझ तक वापस पहुंचाई जा रही है।

मैं अवाक्! वजह! यह तो निहायत बदतमीजी है। न मुझे कोई सूचना, न कोई (आरोप ही सही) कारण, न पाठकों को कोई सफाई, तुगलकी फैसला लिया और अमल भी हो गया? यह खुर्दबीन थी या पत्रिका का खर्च बीनने (जुटाने) का जरिया?

मैंने भभूत साहित्य के स्थानीय कार्यालय से संपर्क साधा। वहाँ जिन साहबान से फोन पर बातचीत करनी चाही, उन्होंने दो टूक बात की कि साहब मैं तो सांस का रोगी हूँ, ज्यादा बातचीत नहीं कर सकता। आप घुमंतू जी से संपर्क करें।

मैंने घुमंतू जी को फोन किया। उनसे जानना चाहा कि क्या खुर्दबीन का प्रकाशन बंद किया जा रहा है? किया जा रहा है तो क्यों? क्या इसकी सूचना मुझे या भभूत के पाठकों को देना भभूत के संपादकों का नैतिक दायित्व नहीं है?

घुमंतू जी न तो मेरी दलील से सहमत-असहमत हुए, न खेदप्रकाश ही किया।

बल्कि निस्संग भाव से बोले कि मुझे तो खबर ही नहीं कि यह या कोई भी और सामग्री भभूत में कब और क्यों शुरू हो जाती है, क्यों बंद हो जाती है। यह सब तो दिल्ली में राविना के घर दारू पीने वाले चार जन बैठकर दारू पीते-पीते ही तय करते हैं, सो वे ही कुछ बता सकते हैं।

भभूत साहित्य के वरिष्ठतम संपादक से यह सुनने के बाद भभूत के लिए और लिखने की इच्छा तो खैर तिरोहित हो ही गई, यह शंका जरूर मन में घर कर गई कि मुझसे खुर्दबीन का लेखन कराना और मात्र एक किस्त छापकर उसकी इतिश्री कर देना जरूर किसी नियोजित षड्यंत्र का हिस्सा है।

लगता है भभूत साहित्य ने किसी व्यक्ति विशेष की छवि धूमिल करने के लिए मुझे इस्तेमाल किया है। जहाँ इस स्तंभ के जरिए मैं यह सिद्ध करना चाहता था और ऐसा करने वालों को आगाह करना चाहता था कि उनकी करनी पर औरों की नजर है, कि साहित्य में तस्करी की प्रवृत्ति बढ़ रही है, वहाँ केवल दो लोगों पर सामग्री छाप कर इस स्तंभ को बंद करने से पाठकों के सामने यह तथ्य पहुँचा कि देखो ये दो लोग साहित्य सृजन जैसे पवित्र काम में पापाचार कर रहे हैं। इन जैसा और कोई नहीं है। होता, तो खुर्दबीन जारी रहता, भभूत इसे उजागर करता।

आपके सामने कोई और लाचारी भी हो सकती है, या कोई और ऐसी वजह, जिसके चलते आपको ऐसा कठोर निर्णय लेना पड़ा हो, यह भी मन में कहीं संदेह बना रहा। मैं चाह कर भी आपको पूरी तरह षड्यंत्रकारी और अपने आप को छला गया नहीं मान पा रहा था। उम्मीद कर रहा था कि अब, नहीं तो अब की बार भभूत साहित्य में वह वजह उजागर कर दी जाएगी।

जुलाई, अगस्त, सितंबर, अक्तूबर—चार अंक इस बीच आए लेकिन न तो भभूत के संपादकों ने कोई स्पष्टीकरण दिया, न पाठकों की ओर से ही कोई ऐसी प्रशंसाभरी चिट्ठी आई कि इसे बंद करके अच्छा किया।

इस बीच एक दिन पणिपुत्री जी से फोन पर बात हुई। उन्होंने बताया कि एक दिन राविना हमारे घर आए थे। भभूत में तुम्हारा लेख छापने के लिए क्षमा मांग रहे थे।

यह जानकारी पाने के बाद मुझे लगा, नहीं, आपने न तो अविवेकपूर्ण निर्णय लिया है, न जल्दबाजी में लिया है। यह तो नियोजित और वह भी निर्धारित लक्ष्य को पाने का सोचा-समझा नियोजन था। बहरहाल, सौदा किससे, कितने में टूटा, यह किसी पुलिसवाले से पूछना अक्षम्य अपराध और निरर्थक है।

वही हुआ जिसकी राजधानी के चैम्सफोर्ड क्लब में आयोजित साहित्यकार संसद में आशंका प्रगट की गई थी और जिस भय को भगाने के लिए वह जमावड़ा जुटाया

गया था। साहित्य अकादमी के पुरस्कार की घोषणा ने आरोपों-प्रत्यारोपों की झड़ी पर विराम लगा दिया। पता चला अकादमी के चयन मंडल ने वीणावर्धन और पणिपुत्री के उपन्यासों को खारिज करते हुए इस साल का अकादमी पुरस्कार बंगवासिनी मेनका मुरारका को उनके उपन्यास 'केलिकथा' के लिए देने का निर्णय लिया है।

जैसा कि चलन बताया जा चुका है, हिंदी में कोई लेखिका स्वनिर्मित हो यह हो सकना खासा कठिन काम है। मेनका मुरारका पर साहित्यजगत को हाँकने में जुटी जब्बर लाठी की दावेदारी थी। इस लाठी के धारण कर्ता ज्ञानी जी राजधानी से दूर थे। कोई न कोई ऐसी पहल करने के लिए ख्यात थे जिसका विरोध सहजता से करना सब के लिए असंभव होता रहा था, फिर भी यह नहीं कहा जा सकता था कि सब के सब उनके सतकर्म से सहमत ही थे या उन्हें सहने को तैयार थे। राजधानी में सन्नद्ध तमाम लाठियाँ हमेशा इस फिराक में रहती थीं कि जैसे भी बन पड़े एक ऐसा बार जरूर कर गुजरें जिससे जब्बर लाठी का जोर और शोर दोनों ही थम जाएँ। लेकिन ज्ञानी जी अपनी किसी भी पहल से या अपनी पत्रिका अगुआई से ऐसा कोई अवसर किसी के हाथ लगने ही नहीं देते थे कि कोई उन्हें धराशायी कर सके। वे यथासंभव सबको साथ लेकर चलने में यकीन रखते थे।

जिन दिनों राजधानी और उसके आसपास की तमाम पत्रिकाएँ पणिपुत्री बनाम वीणावर्धन की छीछालेदर में व्यस्त थीं, वे चुपचाप मेनका मुरारका का यशोगान करने में तल्लीन रहे। संयोग से पुरस्कार समिति में भी उनके पक्षधरों का वर्चस्व रहा, तिस पर शेष दोनों ही कथाकारों के बारे में चौर्यकर्म के ऐसे अकाट्य तथ्य उजागर हो गए जिनके चलते उन्हें कम से कम पुरस्कृत तो नहीं ही किया जा सकता था, लिहाजा उनकी निर्मिति मेनका पुरस्कृत हो गई।

इस उपलब्धि या कहिए जीत ने ज्ञानी जी को थोड़ा मुखर बना दिया। उन्हें लगा यही मौका है जब वे राजधानी के तमाम साहित्यिक संपादकों पर हमला बोल सकते हैं। सब को साथ लेकर चलने की परंपरा पर चलते चले जाने के बावजूद ज्ञानी जी को यह इलहाम था कि उनके साथ खड़े दिखने वाले बहुत से साहित्य संपादक दरअसल उन्हें फूटी आँख भी देखना गवारा नहीं करते। राजधानी में होने की वजह से सारी मलाई खुद गप कर जाते हैं और वे सुदूर बैठे टापते रह जाते हैं।

इस मलाई पर झपट्टा मारने का एक बहुत ही तीखा अनुभव ज्ञानी जी भुलाए नहीं भूलते। हुआ यह था कि उन्होंने हिंदी निषेधालय में अपने एक परिचित लेखक की बहुत ही श्रम से तैयार की गई एक ऐसे विषय की पांडुलिपि अनुदान के लिए प्रस्तुत करवाई थी, जिस विषय पर हिंदी में कोई छपित सामग्री उपलब्ध नहीं है। उस तरह के विषयों पर हिंदी में लिखने का चलन नहीं था, सो प्रकाशक ऐसे पहले-पहले लेखन को छापने का जोखिम उठाने को तैयार नहीं थे। फिर उसे छापने पर

काफी रकम खर्च होती। उसमें पाठ्य सामग्री के साथ-साथ चित्र, मानचित्र आदि भी थे। ज्ञानी जी ने चाहा था कि हिंदी निषेधालय से यदि एकाध लाख अनुदान मिल जाए तो वे या तो उस सामग्री को किसी प्रकाशक से छपवा देंगे या फिर अपनी अगुवाई शृंखला में ही छाप देंगे।

निषेधालय के पास उस साल अनुदान के लिए महज डेढ़ लाख रुपए का बजट था। इससे पहले कि वह बजट ज्ञानी जी की सुझाई पांडुलिपि को मिलता, यारा जी को इसकी भनक लग गई। यारा जी भला ऐसा कैसे होने देते? इससे ज्ञानी जी की धाक जमती कि नहीं? यारा जी के पास तत्काल उसकी काट के लिए कोई पांडुलिपि न तो अपनी उपलब्ध थी, न ही किसी ऐसी लेखिका की जिसे उपकृत करवाने में उनकी रुचि हो सकती थी, सो, उन्होंने आनन-फानन अपने स्तंभकार भाभा सिन्हा को इस अनुदान को पाने के लिए तैयार किया। भाभा यारा जी की पारा के अंतिम दो पन्नों में वर्षों से 'इधर के साहित्य' के बहाने यारा जी के दुश्मनों की किताब की आड़ में उन्हें गरियाने और उनकी शिष्य मंडली को बाँस पर चढ़ाने का श्रम किया करते हैं। यारा जी ने पारा के तमाम अंकों से वे पन्ने नुंचवा कर उन्हें इकट्ठा किया और निषेधालय में जमा करवा दिया, इस आवेदन के साथ कि इन्हें छपवाने के लिए अनुदान दिया जाए।

निषेधालय यूँ ही किसी पांडुलिपि को अनुदान नहीं थमाता था। अनुदान देने से पहले वह उस पांडुलिपि को बाकायदा किसी विद्वान के पास भेजता था। उस विद्वान की संस्तुति मिल जाने के बाद शिक्षा मंत्रालय को भेजता था और वहाँ से भी अनुमति मिल जाने के बाद अनुदान देता था। अनुदान की शर्त यह होती थी कि लेखक को अनुदान से छपी किताब की तीन प्रतियाँ निषेधालय में जमा करवानी होती थीं।

इस मामले में भी यही पद्धति अपनाई गई। कागज का पेट भरने के लिए यारा जी को विशेषज्ञ के रूप में उक्त पांडुलिपि पर अपनी राय देने के लिए कहा गया। यारा जी ने अपनी संस्तुति में लिखकर भेजा कि उक्त पांडुलिपि हिंदी साहित्य के इतिहास की अमूल्य धरोहर है, इसे हर हाल में पुस्तक रूप में प्रकाशित होकर साहित्य-समाज के बीच आना चाहिए। इतने महत्वपूर्ण और कालजयी काम के लिए अनुदान देकर निषेधालय पुण्य का और साहित्य-समाज के साधुवाद पाने का काम ही करेगा। उधर उन दिनों शिक्षा मंत्रालय में सचिव हुआ करते थे देवानांप्रिय, सो वहाँ से अनुमति मिलने में जरा भी देर नहीं लगी। एकाध लाख रुपया यारा जी खा जाएँ यह एक तरह से सरकार के हित में ही था। चूंकि उसे खाने के बाद जब वह डकारेंगे तब उसकी गंध सभी को बता देगी कि यारा भी सरकार का चारा गटकने वालें में से एक हैं।

फिर वही हुआ यानी यारा जी को संस्तुति देने के एवज में मात्र सात सौ पचास रुपए मानदेय मिला और भाभा सिन्हा को मिले पूरे एक लाख उनचास हजार दो सौ पचास रुपए। भाभा ने अपनी 'महत्वपूर्ण' पुस्तक इसी बहाने की महज पचास प्रतियाँ छपवाईं। तीन निषेधालय को दे दीं। दो खुद रख लीं। शेष अब भी पारा के दफ्तर में चूहों के स्वल्पाहार के काम आ रही हैं। जो रकम हाथ लगी उसमें से कुछ भाभा की जेब में गई कुछ यारा जी की और उसका कुछ हिस्सा ऐसी शामों में देवरस मंगाने के काम आता रहा जिन शामों को आबाद करने के लिए कोई नया लेखक, प्रकाशक या कृतकृत्य पाठक नहीं जुट पाता रहा।

यारा जी की ऐसी तमाम हरकतों से उकताए ज्ञानी जी ने उनके बहाने साहित्यिक पत्रकारिता के ऐसे तमाम स्वंभू संपादकों को बेनकाब करने की नीयत से एक पत्रकार के सामने यह दावा किया कि जब परिवर्तनकामी तमाम पत्रिकाएँ यथास्थितिवाद के समर्थक राष्ट्रपिता विश्वभारती के राष्ट्रपुत्र देवानांप्रिय से लाखों रुपया अनुदान का बटोर रही थीं, तब एक अकेले वही थे जो उसे नकारने की हिम्मत दिखा सके।

जाहिर है उनके इस रहस्योद्घाटन में पारा और वे तमाम पत्रिकाएँ लपेटे में आ गईं जो निष्पक्ष होने का दावा करती थीं। ज्ञात और शीलवान स्रोतों से छपने का दम भरती थीं। इतना ही नहीं, पारा के संपादक तो एक बार यही आरोप आचार्य अल्पज्ञ द्वारा लगाए जाने पर डंके की चोट यह लिख चुके थे कि कौन माई का लाल हमें खरीद सकता है? किसमें दम है जो हमारा हाथ थामे? हमें फुसला सके? जो लोग ऐसा आरोप मढ़ते हैं वे खोजी श्वान के अलावा कुछ नहीं, पत्रकार तो हर्गिज नहीं।

ज्ञानी जी के इस हमले ने राजधानी के तमात साहित्यिक संपादकों को यकायक एकजुट कर दिया। उन्हें लगा कि अपने मसले तो हम फिर कभी सलटा लेंगे, सबसे पहले तो इस ज्ञानी के बच्चे को सबक सिखाना चाहिए। आज इसने हमें सरकारी टुकड़ों पर पलने वाला कहा है, कल को यहाँ आकर ताल ठोकेगा और हम कहीं दुबके नजर आएँगे। इसकी काट जरूरी है।

यारा जी इधर साहित्य अकादमी प्रकरण में हुई अपनी हार को भूल किन्हीं और कामों में जुट चुके थे। अपनी पत्नी के प्रति प्रगटे उनके अशोभन उद्गार अभी हवा में ही थे। उन्हें वापस लेना तो संभव नहीं था, फिर भी वह अपने एक संपादकीय में स्त्रियों पर अपने विचार व्यक्त करते समय पणिपुत्री को विश्व की लग-भग अद्वितीय कथाकार सिद्ध करने के बाद दो पंक्तियों में अपनी पत्नी को यह सलाह दे चुके थे कि उसने अभी तक जो कहा सो कहा, आगे अपना मुँह जरा बंद ही रखे उसी में उसकी भलाई हैं।

इसके बाद वे अपनी छबि भली-भली सी, भोली-भाली सी, भले-भले की सी

बनाने में जुट गए। इसके लिए सबसे पहले तो उन्होंने अपनी पत्रिका के तीन-चार अंक स्त्रियों पर ही केंद्रित निकाले, जिनमें से एक तो आभा वितान के संपादन तक में आया जिसके लिए उन्हें पाँच लाख रुपया दिया गया। इस रकम से उन्होंने एक फ्लैट खरीदा और उसमें किसी बेचारी, वक्त की मारी लेखिका कम पाठिका को शरण दी। उसके बारे में अपने संपादकीय में ही यह उजागर किया कि किस तरह उसे एक प्रदेश से दरबदर हो कर उनकी शरण में आना पड़ा। फिर अपने सालाना जलसे को भी स्त्रियों पर केंद्रित किया—ताकि पाठकों-प्रशंसकों को यह सोचने पर मजबूर होना पड़े कि जो लेखक-संपादक-विचारक स्त्री मात्र के प्रति इतना उदार है, उनके लिए इतना चिंतित है, वह अपनी पत्नी की बुराई बेवजह कैसे कर सकता है? जरूर उसने बेहद मजबूरी में, बर्दाश्त बाहर हो जाने पर ही उसके अवगुण जग जाहिर किए होंगे।

इस स्त्री चिंतन के दौरान यारा जी ने अपनी एक और भूल सुधारी। कभी जब वह पणिपुत्री के अलावा किसी और को लेखिका मानने को ही तैयार नहीं थे, तब उन्होंने अंग्रेजी की एक लेखिका के बारे में भी जम कर जहर उगला था। उसके जिस उपन्यास के लिए उसे पाँच करोड़ रुपए अग्रिम रायल्टी मिली थी, जिसकी विश्व भर में चर्चा हो रही थी, उसकी बेहिसाब धज्जियाँ उड़ाई थीं। उसे दो कौड़ी का सिद्ध करने में अपनी प्रतिभा और कल्पनाशक्ति के तरकश से सभी तीर छोड़े थे। इस कुलोचना के फेर में एक बार मुंबई में स्त्रियों द्वारा घेर भी लिए गए थे।

अब उसी लेखिका के बारे में यकायक यारा जी ने अपनी राय को शीर्षासन दिलाया। उसे सलाम करने का लिखित ऐलान किया। यह परिवर्तन क्यों कर हुआ, इसकी एक वजह जो यारा जी तो शायद ही कुबूल करें, लेकिन लोग बताते हैं कि यह थी कि उस लेखिका ने अपनी तमाम रायल्टी किसी एक संस्था को दान कर दी थी। वह रकम इतनी ज्यादा थी कि यारा को पणिपुत्री या आभा वितान कई जन्मों तक लिफाफे थमाती रहें, तब भी उसके पासंग तक न पहुंचा पातीं।

यारा जी का अपनी इस नई मुहिम में दतचित्त हो जाने का ही परिणाम था कि इस बीच ज्ञानी जी अपने दो-दो साहित्यिक और एक निजी कार्यक्रम राजधानी में निर्विघ्न संपन्न कर ले गए। वाहवाही भी बटोर ले गए। पहले तो उन्होंने एक विचारक का भाषण रखा जिसमें जम कर श्रोता जुटा लिए, फिर एक पुरस्कार समारोह रखा, उसका भी यही हाल रहा। फिर अपनी बिटिया का विवाह समारोह भी राजधानी में रखा। इस समारोह में राजधानी के तमाम वे लेखक तो आए ही, जो केवल यारा जी के जन्मदिन के समारोह में ही आया करते थे; विवाह समारोह में जाने किस अज्ञात प्रशंसक ने अपनी तरफ से सुरापान की भी व्यवस्था कर दी। तिस पर हुआ यह कि राजधानी के बाहर के भी ढेरों लेखक समारोह में आए और किसी को भी

अपनी जेब से आने-जाने का खर्च वहन नहीं करना पड़ा। जाने कैसा संयोग बना कि ठीक उन्हीं तारीखों में उन सब में से किसी को रेडियो पर वार्ता देनी थी, किसी को दूरदर्शन के कार्यक्रम की रिकार्डिंग करानी थी, किसी को किसी विश्वविद्यालय के सेमिनार में भाषण देना था।

हालाँकि यारा जी को समझते देर नहीं लगी कि यह सब संयोग कैसे बना होगा। वे भी तो सालों से ऐसे ही ग्रहों और नक्षत्रों के मिलान से अपना जमावड़ा जुटाते आ रहे थे। लेकिन यहाँ के स्रोत कोई बाहरी, वह फिर चाहे अपनी ही बिरादरी का क्यों न बताया-गिनाया जाता हो, दुह ले जाए, यह तो शुभ संकेत नहीं। इससे लोभ वृत्ति बढ़ती है सो अलग, अपना प्रतिद्वंद्वी मजबूत होता है सो अलग, सत्ता का विकेंद्रीकरण होता है सो अलग। राजधानी के बाहर कोई मजबूत क्षत्रप पनपे भला ऐसा कौन सा सम्राट बर्दाश्त कर सकता है, भले ही वह अपने पत्रों में करो इस मुगल साम्राज्य का भी नाश जैसी चुनौतियाँ दर्ज करने वाला यारा जी जैसा प्रगतिशील विचारों की मासिकी का उपन्यास सम्राट् का स्वघोषित, स्वंभू उत्तराधिकारी, अबलाओं और अबलों का एकमात्र रक्षक ही क्यों न हो। यारा जी को लगा उनका ज्ञानी के बढ़ते कदमों की आहट पर कान न देना ही उसके बड़बोलेपन का मूल कारण है। यारा जी ने मन ही मन हुंकारा—ज्ञानी के बच्चे, पुनः मूसको भव।

ज्ञानी जी का यह बार अभी पूरी तरह राजधानी के संपादकों को चुभ भी न पाया था, यारा जी भी उनके पर कतरने की कोई सुभीते की विधि खोज भी न पाए थे कि राष्ट्रपिता विश्वभारती के रजिस्ट्रार ने एक नया रहस्योद्‌घाटन करके ज्ञानी जी को चारों खाने चित्त कर दिया। उन्होंने बताया कि ज्ञानी जी की पत्रिका भी उनकी संस्था से अनुदान पाने वालों की सूची में थी। वह तो ज्ञानी जी डालर या पाउंड में भुगतान पाने की जिद पर अड़े रहे, चूँकि पत्रिका की जो प्रतियाँ खरीदी जानी थीं वे विदेशों में भेजी जानी थीं; ज्ञानी जी का तर्क था कि जब पत्रिका की प्रतियाँ विदेश में जानी हैं तो भुगतान भी विदेशी मुद्रा में और वह भी उतना दिया जाए जितना कि उनकी पत्रिका में छपा होता है। संस्था का तर्क था कि हम खरीद तो देश में रहे हैं। फिर विदेश में भेजने का डाक खर्च भी दे रहे हैं, ऐसी स्थिति में विदेशी कीमत वह भी विदेशी मुद्रा में कैसे दी जा सकती है। बहरहाल, जब तक ज्ञानी जी स्वदेशी मुद्रा में मूल्य लेने को सहमत हुए तब तक हमारा बजट ही खत्म हो गया, लिहाजा वह उसका लाभ पाने से वंचित रह गए। इसलिए अब जो शहीदी मुद्रा वह दिखा रहे हैं वह खिसियानी बिल्ली खंभा नोंचे से अधिक कुछ नहीं कही जा सकती।

संस्था के रजिस्ट्रार ने अपने स्पष्टीकरण में यह भी लिखा कि समझ में नहीं आता हिंदी की साहित्यिक पत्रिकाएँ हमारे संस्थान को अपनी प्रतियाँ बेचने में इतनी

शर्म क्यों महसूस कर रही हैं। क्या ये पत्रिकाएँ महज मुफ्त वितरण के लिए छापी जाती हैं?

इस स्पष्टीकरण को कथासंसार ने छापा साथ ही उसके संपादक नारा जी ने अपनी ओर से अपनी पत्रिका में पहली बार दो शब्द भी लिखे कि हमें अपनी पत्रिका रापिविभा को बेचने में किसी तरह की शर्मिंदगी महसूस नहीं होती, बशर्ते रापिविभा ने हमारी पत्रिका को भी इस लायक समझा होता।

जाहिर है ज्ञानी जी ने जब यह सब पढ़ा तो उनकी समझ में आ गया कि पासा तो उलटा पड़ चुका है। चले थे औरों को बेनकाब करने, खुद को कपड़ों के लाले पड़ गए।

वे बेहद चिंतित हो आए। होना स्वाभाविक भी था। कुछ ही दिनों बाद उन्हें राजधानी में आकर अपना एक समारोह करना था। तब वहाँ उन पर क्या बीत सकती है इसकी कल्पना सहज ही की जा सकती थी। सो ज्ञानी जी ने आनन-फानन एक वक्तव्य जारी किया कि मैं भला अपनी समानधर्मा पारा, यथावत, कांवड़ और तमाम और पत्रिकाओं पर ऐसा आरोप कैसे मढ़ सकता हूँ। मेरे वक्तव्य और मंतव्य को पत्रकार ने तोड़-मरोड़ दिया है और छापने से पहले मुझे दिखाना तक गवारा नहीं किया।

इस वक्तव्य का छपना था कि उक्त पत्रकार ने अपना स्पष्टीकरण छपवा दिया कि उसने ज्ञानी जी के साक्षात्कार के साथ जरा भी छेड़छाड़ नहीं की है। जब वह पहली बार कहीं छपा था तब ज्ञानी जी को बाकायदा दिखाया गया था। तब तो उन्होंने कोई आपत्ति नहीं की। अब जब वह हूबहू पुराने ही रूप में कहीं और छपा और उस पर विरोध शुरू हुआ तब वह ऐसा आरोप एक नवोदित पत्रकार पर मढ़कर उसके भविष्य से खिलवाड़ कर रहे हैं।

बहरहाल, कुछ अर्सा बाद ज्ञानी जी राजधानी पधारे। यहाँ उन्हें दो दिन का समारोह करना था। हालाँकि ज्ञानी जी को हलकी सी आशंका थी कि राजधानी में इस बार सब कुछ सहज-सरल नहीं मिलेगा, लेकिन जो होगा वह इतना शर्मनाक और भौचक कर देने वाला होगा, इसकी कल्पना नहीं की थी।

राजधानी में ज्ञानी जी का समारोह दो दिन चलना था। पहले दिन पुरस्कार वितरण और दूसरे दिन चर्चा-गोष्ठी और कवि सम्मेलन।

पहले दिन का समारोह अपनी पुरानी गरिमा के अनुरूप संपन्न हो गया। उनकी ओर से मेजबान चुने एक व्यक्ति ने खासी वाहवाही बटोरी। दूसरे दिन की अभी शुरुआत भी ठीक से नहीं हुई थी कि एक राष्ट्रीय अखबार बेसहारा ने, जिसके सलाहकार हिंदी के एक नामवर आलोचक हुआ करते हैं, एक प्रदेश की राजधानी के निवासी और हैंडपंप चुनाव चिह्न पर एक चुनाव हार चुके स्तंभकार जिनका उसके बाद हैंडपंप

उपनाम ख्यात हुआ, उनका लिखा एक आलेख छापा जिसमें यह बताया गया था कि ज्ञानी जी का मेजबान वह व्यक्ति है जिसने एक तरक्कीपसंद फिल्मकारा की विधवाओं पर बन रही फिल्म की शूटिंग इस आरोप के साथ रुकवा दी थी कि उसमें भारतीय संस्कृति का अपमान दिखाया जाएगा। वह बाकायदा संघ का निक्करधारी है। उनकी कमेटियों, संस्थाओं में पदाधिकारी है। ऐसे आदमी की मेजबानी में ज्ञानी जी का समारोह होना कहाँ की प्रगतिशीलता है? ऐसे आदमी की पापी कमाई की रोटी खाने से तो साहित्यकारों का भूखा रहना कहीं ज्यादा उचित होता।

इस आलेख का छपना था कि जिस सभा-भवन में अगले दिन का समारोह होना था उस संस्था ने सभाभवन देने से मना कर दिया। खुले में समारोह करना पड़ा, लेकिन उसका होना न होना एक समान रहा। न तो कविता सुनाने कोई कवि आया न सुनने श्रोता। जो भी लोग आए वे बेसहारा की प्रति हाथ में लिए हुए आए। उनकी नजर समारोह पर कम ज्ञानी जी के हाव-भाव पर ज्यादा टिकी रही।

राजधानी से मायूस होकर अपने शहर लौटे ज्ञानी जी को अपनी सफाई में एक बयान जारी करना पड़ा। यह स्पष्टीकरण यों तो बहुजन हिताय बहुजन सुखाय सार्वजनिक तौर पर खुले खुलासे के रूप में वितरित किया गया, लेकिन यह मूलतः और समग्रतः यारा जी को संबोधित था, अन्य जिन लोगों को यह संबोधित था भी, वह इस भाव के साथ गोया यारा जी खुद ही पढ़ कर उनके मतलब के समाचार उन तक पहुँचा देंगे, उन अति व्यस्त लोगों को उसका पाठ करने की जहमत नहीं उठानी पड़ेगी।

जिस दिन यारा जी को ज्ञानी जी का वक्तव्य डाक से मिला, ठीक उसी दिन उसी डाक से उन्हें एक और पत्रिका 'तथागत' का ताजा अंक और दो और खत मिले जिनमें अलग-अलग किस्म की दो सुखद सूचनाएँ थीं। चूँकि उन सुखद सूचनाओं की उन्हें पहले से भनक थी और इंतजार भी सो उन्होंने पहले उन्हें न पढ़कर इस इरादे से पहले तथागत का अंक पढ़ने, फिर ज्ञानी जी का स्पष्टीकरण पढ़ गुजरने का मन बनाया कि यदि कुछ मन कसैला होना है तो अभी हो ले, कहीं खुशखबरी वाले खत पढ़ने के बाद हुआ तो सारा मजा ही किरकिरा हो जाएगा।

अर्सा पहले यारा जी के दरबार में तथागत के संपादक अखिल का खासा आना-जाना था। यारा जी की पत्रिका पारा का लखनऊ प्रतिनिधि भी अखिल को माना जाता था। जब तक उसने अपनी पत्रिका शुरू नहीं की थी तब तक ऐसा कोई दिन नहीं जाता था जब पारा जी अखिल से फोन पर न बतियाएं। उनके कई साल के टेलीफोन बिल इसका प्रमाण हैं।

पर ज्यों ही अखिल ने तथागत का प्रकाशन शुरू किया, यारा जी ने उसे

अपने हितू से प्रतिद्वंद्वी के रूप में लेखना शुरू कर दिया। उन्हें अखिल की छवि और न निखरे, इसकी चिंता सताने लगी। अखिल पारा के स्रोतों का अपने लिए दोहन कर सकता है, यह संदेह होने लगा। उसे तवज्जो न देने का मन बना चुकने के बाद यारा जी ने उसकी एक कहानी भी लौटा दी। हालांकि कहा यह कि रचना कमजोर है, पारा में नहीं छप सकती।

उधर अखिल ने इसे यारा जी की सदाशयता के रूप में ही ग्रहण किया। तथागत के कई अंकों में उसने यारा जी की आत्मकथा के अंश छापे। फिर उन पर एक लेखिका का संस्मरण भी छापा।

उस संस्मरण को पढ़कर आचार्य अल्पज्ञ ने एक प्रतिक्रिया तथागत को भेजी। यारा जी ने तथागत के जिस अंक को पलटना शुरू किया उसमें आचार्य अल्पज्ञ की प्रतिक्रिया भी थी। यारा जी की नजर उसी पर जा अटकी।

"तथागत के चौथे अंक में यारा जी पर छपे संस्मरण 'हंस के प्राण' की शुरुआत पढ़कर यकायक याद आया एक प्रकाशन का एक विज्ञापन कि उनके साहित्य पुरस्कार के लिए इस बार जीवनियाँ और आत्मकथाएँ आमंत्रित हैं। यह वही प्रतियोगिता है जिसमें पिछली बार लघुकथाएँ आमंत्रित थीं, और जिसके पुरस्कार समारोह में प्रतियोगिता के एक निर्णायक कमलेश्वर ने अपने वक्तव्य में दूसरे निर्णायक राजेंद्र यादव की प्रशस्ति में यह कहा था कि यदि मैत्रेयी पुष्पा और प्रभा खेतान लघुकथाएँ लिखती होतीं, और निर्णायक राजेंद्र यादव होते तो पुरस्कार किसी तीसरे को मिलने का सवाल ही नहीं उठता था।

विज्ञापन को पढ़कर मैं हैरान रह गया था। विज्ञापन में हिदायत दी गई थी कि आत्मकथा भेजने से पहले प्रतियोगी यह जाँच-परख कर ले कि पांडुलिपि में लेखक का नाम केवल पहले पृष्ठ पर ही लिखा हो, और कहीं नहीं! मेरी समझ में क्षणभर को यह नहीं आया कि आत्मकथा भी हो और आत्म कथाकार का नाम केवल पहले पन्ने पर हो, यह कैसे संभव है? फिर मुझे याद आया कि यह हो तो सकता है। मुझे लगा कि शायद प्रतियोगिता का संयोजक मंडल किसी आचार्य हजारी प्रसाद द्विवेदी, मनु शर्मा या विष्णुचंद्र शर्मा को खोज पाने का श्रेय लेना चाहता है। उसे शायद उम्मीद है कि इस प्रतियोगिता के जरिए एक न एक बाणभट्ट की आत्मकथा, कृष्ण की आत्मकथा या मुक्तिबोध की आत्मकथा की परंपरा की कृति सामने आएगी।

पूरा संस्मरण या स्मृतिचित्र या अनुभूतचित्र पढ़ गुजरने के बाद मैं हैरान-परेशान रह गया।

मेरी हैरानी-परेशानी की वजह थी मालिक यारा जी के अपने नौकर वंशीधर के बारे में लेखिका को सुनाए-बताए विवरण और वर्णन।

मैं समझ नहीं पा रहा हूँ कि यह देखना भी क्या चीजों को, तथ्यों को, स्थितियों

को, किसी की विवशता को, लाचारी को, गुलामी को, बंधुआगीरी को, सही परिप्रेक्ष्य में देखना कहा जा सकता है? शोषण, दमन, अत्याचार, ठगी, या ऐसा ही कुछ, जिसे हम अमानवीय कहते, लेखते और लिखते-पढ़ते आए हैं, कोई रचनाकार जब भी खोजने, तलाशने, उजागर करने, वर्णित करने के लिए कलम उठाएगा, तब कहीं सुदूर अतीत में, या कहीं दूरस्थ देश-प्रदेश में, किन्हीं औरों द्वारा, या कल्पनाजनित लोगों का कल्पनाजनित लोगों द्वारा ही वर्णित करेगा? दीया तले अंधेरा की कहावत को चरितार्थ करते हुए क्या वह कभी भी अपने आसपास या स्वयं अपने द्वारा ही किसी के हो रहे शोषण पर जरा भी ध्यान नहीं देगा?

लेखिका ने यारा जी के इकलौते नौकर वंशीधर के संदर्भ में यारा जी की ओर से जो भी कहलवाया है उसे पढ़कर तो ऐसा लगता है गोया यारा जी से अच्छा कोई मालिक नहीं और वंशीधर से ज्यादा बड़भागी कोई नौकर नहीं। पर क्या वास्तव में सच्चाई भी यही है? या यह सत्य से मुँह फेरना, सत्य को समझ कर भी उसे झूठे विशेषणों से भूषित करना है? मैं भी वंशीधर के हालात में कभी किसी का नौकर रह चुका हूँ, सो घायल की गति घायल जाने की तरह नौकर की दुर्गति नौकर जाने के दावे के साथ कह सकता हूँ कि सत्य यह नहीं है। वंशीधर का वर्तमान कुछ और भी हो सकता है, होना चाहिए। लेकिन उम्मीद नहीं है कि होगा, क्योंकि जो उसका वर्तमान बदल सकता है वह तो सगर्व घोषित कर रहा है कि वंशीधर सुख से है, चैन से है, संतुष्ट है और परम भाग्यशाली है। और मालिक के हरकारे यह घोषणा दिग्दिगंत तक लिख-लिख कर पहुँचा रहे हैं कि यही सच है, वंशीधर एक सर्वसुखसंपन्न नौकर है और यारा जी एक आदर्श मालिक।

अब जरा यही सच है का सही सच भी तो जान लीजिए।

वंशीधर नाम है उस नेपाली भोले-भाले, निश्छल, कर्मठ, युवा का जो यारा सिंह का घरेलू नौकर है। यह यारा जी के घर में रहता है। उनकी सुरक्षा और वक्त-वेवक्त उनकी सेवा-टहल के लिए। सुबह उठता है। घर की झाडू-बुहारी करता है। दूध-सब्जी लाता है। चाय-नाश्ता बनाता है। खाना बनाता है। फिर कार ड्राइव करके यारा जी को पारा के दफ्तर तक लाता है। यहाँ आकर भी हाथ पर हाथ धर के नहीं बैठता, बैठता तब भी नौकरी की जगह से बंधा तो रहता ही, पारा में चपरासीगीरी करता है।

शाम को फिर कार ड्राइव करके यारा जी को जहाँ जाना होता है वहाँ ले जाता है। यारा जी वहाँ पहुँचकर साहित्य, समाज, संस्कृति, राष्ट्र, राज्य, राजनीति, शोषण, दमन, स्त्री, दलित, पिछड़े, अवर्ण, सवर्ण, संस्कृति का वर्चस्व और वर्चस्व की संस्कृति, न लिखने का कारण, संस्कृति और बाजार आदि पर चिंतन-मनन करते हैं, या काशी नरेश के दामाद के निवास पर अपने जन्मदिन का जश्न मनाते हैं और वंशीधर बाहर कार में बैठा उसकी रक्षा और मालिक के लौटने की प्रतीक्षा करता है।

फिर कार चलाकर उन्हें घर तक लाता है। खाना बनाता है। बिस्तर लगाता है और जब यारा जी यदुवंशी मुलायम को खत लिखकर सो जाते हैं तब वह भी चौकीदार की नींद लेता है। सब कुछ सही-सलामत रहे तो उसकी दिनचर्या यही है, कोई बाधा-व्यवधान आ पड़े तो उससे भी दो-चार होता है। इस बीच नौकरी-चाकरी में खटते-खटते दिन के 24 घंटों में से 18 घंटे स्वाहा हो चुके होते हैं।

इस सबके बदले में मिलती है उसे एक तयशुदा रकम। वह इतनी नहीं होती कि कुछ साल यहाँ खटने के बाद उसे कुछ भी करने की जरूरत ही पेश न आए। इस दौरान यदि उसे कभी कहीं अपने व्यक्तिगत काम से जाना पड़े तो यारा जी की सुविधा-असुविधा का ध्यान रखते हुए जा सकता है, लेकिन बसों में धक्के खाता हुआ, न कि कार से। क्योंकि जब वह कहीं जाता है तो नौकर ही होता है, वह नहीं होता जो लेखिका जी ने बताया है कि यारा जी कहते हैं घर का मालिक तो वंशीधर है, हम तो एक कोने में पड़े रहते हैं। हालाँकि वह कार भी तब एक कोने में पड़ी होती है जब वंशीधर वहाँ नहीं होता। वह तभी कहीं जा-आ पाती है जब वंशीधर उसे चलाए। लेकिन वह उसे तभी चला सकता है जब यारा जी को या उनके मिलने-जुलने वालों को कहीं जाना-आना हो, न कि अकेले वंशीधर को!

मैं चिंतित हूँ और यारा जी और लेखिका जी की इस सोच ने मेरी चिंता और बढ़ा दी कि वंशीधर तो परमसुखी है, परम संतोषी है, संतुष्ट है। इसका मतलब वंशीधर के हालात कभी नहीं बदलने वाले?

हालाँकि यारा जी यदि चाहें तो वंशीधर के हालात बदल सकते हैं। यारा जी यदि तय करें कि वंशीधर वर्णमाला प्रकाशन का नौकर है सो वह उनकी गाड़ी चलाने का ही काम करेगा और कुछ नहीं, तो वंशीधर के हालात बदल सकते हैं। यारा जी यदि तय करें कि वंशीधर उनका घरेलू नौकर है और वह सिर्फ घर के काम करेगा तो भी वंशीधर के हालात बदल सकते हैं। यों भी वह जहाँ से वेतन पाता होगा, नौकर तो वहीं का होगा, दूसरे कार्यक्षेत्र में तो वह बेचारा भोला-भाला प्रवासी युवा बेगार ही कर रहा है।

यारा जी के लिए यह करना कठिन भी नहीं होना चाहिए। वे एक की जगह दो नौकर आसानी से रख सकते हैं। इसके लिए उन्हें अतिरिक्त आर्थिक साधन भी नहीं जुटाने होंगे। यारा जी जिस फ्लैट में रहते हैं उसका किराया सात-आठ हजार से कम न होगा। जब उन्हें एक कोने की ही दरकार है तो किसी चार-पाँच हजार तक के फ्लैट में शिफ्ट हो सकते हैं। यारा जी वातानुकूलित मारुति ज़ेन में सफर करते हैं। किसी सामान्य कार में चलने लगें तो मात्र एयरकंडिश्नर पर खर्च होने वाले पेट्रोल से इतनी बचत हो सकती है कि एक और नौकर का वेतन निकल आए। ये दोनों ही उपाय अव्यावहारिक नहीं हैं। संभव हैं। जरूरत है सिर्फ यह जान और

मान लेने की कि उनके सुख-साधनों की कीमत पर एक पिछड़े हुए प्रवासी का शोषण हो रहा है। पर जितने प्रसन्न और गर्वीले भाव से वंशीधर के हालात का बखान किया गया है उससे लगता नहीं कि उन्हें हल्का-सा आभास भी हो कि नौकर उनका नौकर नहीं गुलाम नजर आ रहा है।

तथागत में छपी इस प्रतिक्रिया को पूरा पढ़ गुजरते ही यारा जी ने मन ही मन अपने को याद दिलाया—मैंने अपनी आत्मकथा में ठीक ही लिखा था कि आचार्य अल्पज्ञ इन दिनों मेरा ध्वंस (हां, हां, दोगलेपन को उजागर) करने में संलग्न है। फिर उन्हें अखिल पर बेइंतहा गुस्सा आया। उन्हें यकीनी तौर पर यह सही जान पड़ा कि अखिल की कहानी पारा में न छापने के चलते ही उसने अल्पज्ञ की यह प्रतिक्रिया छापी है। यारा जी ने तय किया, ठीक है बच्चू, अब देखता हूँ मैं भी। कल ही भाभा से कहता हूँ कि पारा के इसी अंक में अपने स्तंभ में कथासंसार में छपी अखिल की कहानी की बखिया उधेड़ दे। इसी के साथ तथागत को दूर फेंक दिया।

अगले ही पल यारा जी की आँखों के सामने ज्ञानी जी का लगभग सोलह पन्नों में छपा खुला-खत खुल गया। हालाँकि खत खासा लंबा है, फिर भी चूँकि यह रोचक है, तथ्यों से भरा-पूरा है, कुछ उस कोटि का है जिसे कहते हैं ताकि सनद रहे, सो यारा जी के पढ़ने के दौरान जितना जो पढ़ा जा सका और याद रह गया वह यहाँ सार-सार को गहि रहे थोथा देय उड़ाय की तर्ज पर दिया जा रहा है। अपने खुले खत को ज्ञानी जी ने शीर्षक दिया था : पारा और बेसहारा के विषवमन का प्रतिवाद।

"यह सब उनके लिए नहीं है जो अपनी महान स्त्रियों के सामने परस्त्रियों से बलात्कार करना चाहते थे। यह उनके लिए भी नहीं है जिनकी धोती अनंत में पतंग की तरह उड़ती रहती हैं। और यह उनके लिए भी नहीं है जो कलाघरों और सांस्कृतिक परिसरों को अपनी हवस से चाट लेने में या कब्रगाह में तब्दील कर देने में माहिर हैं।

ये बहुत भयानक लोग हैं। इनका मजाक नहीं उड़ाया जा सकता। ये आपका पटाक्षेप कर सकते हैं। इनके पास संस्कृति की सुपारी सदैव साथ रहती है। इनके पास अपना-अपना एक स्वामीभक्त और ऊँची हस्ती वाला चौकन्ना भाभा जासूस सदा तैनात रहता है। यह अपने स्वामी के लिए वार करता है और ढफली भी बजाता है। इसका संबंध गृह मंत्रालय से होता है।

यह सारा वक्तव्य और विवरण उनके लिए है जो हमारी पत्रिका अगुआई को उसके उच्चतर उद्देश्यों के कारण प्यार करते हैं और वस्तुतः जो उसके निर्माता हैं। जिन्होंने स्वप्न को वास्तविकता में बदल देने के लिए तीन दशक से अगुवाई को धीरे-धीरे बुना है। ये साथी, रचनाकार, सहयोगी, उम्मीदों में बने रहने वाले

सांस्कृतिक विचारक और कार्यकर्ता एकाएक विचलित, खिन्न और लगभग अवाक हैं। उन्हें लगता है कि उनके चिरागों पर हमला हो रहा है। यहाँ दूर-दूर तक फैले हुए ऐसे आत्मीयजनों के लिए कुछ आश्वस्तिपूर्ण सूचनाएँ और प्रतिवाद हैं जो एक नए पतनशील सांस्कृतिक गठबंधन को उभरता हुआ देख रहे हैं।

आपातकाल में जब अगुवाई को निकलते मुश्किल से केवल डेढ़ साल हुए थे, इसी प्रकार का हमला हुआ था। इसके दस्तावेज सुरक्षित हैं। इसके खिलाफ कई संपादकीय लिखे गए थे। इसके संपादक को जेल भेजने और छपी सामग्री को जब्त करने की माँग की गई थी। हम वह अंधेरा समय विचारधारा, प्रतिबद्ध रचनाकारों के दम पर जीत सके। अब यह समर भी इसी तरह जीता जाएगा। उस समय के दो बड़े घरानों की पत्रिकाओं की तरह इस समय एक राष्ट्रीय अखबार के सलाहकार संपादक, पारा के संपादक, राष्ट्रपिता विश्वभारती के राष्ट्रपुत्र और निर्जनसत्ता के संपादक के गठबंधन ने यह काली करतूतों वाली मुहिम चलाई हुई है। बेसहारा में छपे कालम को डेढ़ महीने बाद पारा ने दोबारा इसलिए छापा कि अगुवाई को अधिकाधिक ठेस पहुंचाई जा सके। एक कहावत है कि मोरा नादान बालमा अँगना में गुल्ली खेले। इससे यारा की कुत्सा का परिचय मिलता है। हैंडपंप का बेसहारा वाला कालम अगुवाई का सम्मान समारोह होने के पहले ही लिख लिया गया था। अगुवाई सम्मान के बाद उसे पारा में छाप कर यारा ने उसी कुत्सा का परिचय दिया जो वह लघु पत्रिकाओं के खिलाफ समय-समय पर प्रकट करते रहे हैं।

अगुवाई सम्मान से कुछ ही पहले यारा ने मुझे एक खत लिखा था जिसका आशय यह था कि मैंने उनकी चहेती पणिपुत्री के बजाय मेनका मुरारका को साहित्य अकादमी पुरस्कार दिला कर अच्छा नहीं किया। अगर वह अपनी-सी पर उतर आए और मेरे खिलाफ अपनी पारा में संपादकीय लिख दिया तो मैं बरबाद हो जाऊँगा। उन्होंने मुझे चेताया था कि भविष्य में मैं उनकी किसी लेखिका को दोहने की जुर्रत न करूँ। न तो कभी पणिपुत्री से पत्र-पुष्प लूँ, न आभा वितान से।

बहरहाल, एक महान कम्युनिस्ट की वह उक्ति हमें याद आती है कि कई बार दुश्मन हमें उन जगहों तक पहुँचा देता है जहाँ हम नहीं होते। इस तरह दुश्मन भी हमें और हमारे संसार को नवजीवन के लिए संघर्ष की क्षमता देता है।

मित्रो, अगुवाई पर हमला एक गठबंधन या गठजोड़ का हमला है। कौए, गिद्ध और बगुले पता नहीं कितने बरसों से इंतजार कर रहे थे कि कब अवसर आए और हम अगुवाई पर हमला करें। आइए, हम कुछ भीतर चलें। बेसहारा के सलाहकार संपादक अनाम राय हैं। जिस समय अगुवाई सम्मान अपनी भव्यता के साथ राजधानी के एक सभागार में संपन्न हो रहा था, उस समय अनाम राय ने मुंबई में यह घोषणा की थी कि अगुवाई समारोह की टांय टांय फिस्स होने वाली है। राजधानी में भी

एक धुरंधर कवि को पहले से यह पता था कि कुछ आने वाला है। यह सब सुविचारित षड़यंत्र की तरह किया गया। बाद में देवानांप्रिय के भक्तगण भी इसमें कूद पड़े। अनाम राय, यारा सिंह और देवानांप्रिय ये तीनों सांस्कृतिक सत्ताधीश यह बर्दाश्त नहीं कर सकते कि राजधानी में कोई उनके क्षेत्रफल का कुछ हिस्सा लेने की जुर्रत करे। हमें लेना भी नहीं है। हम राजधानी की लूट का हक उन्हीं पर छोड़ते हैं।

हैंडपंप के कालम में, और बाद में उसे यथावत पारा में छापने से जो निष्कर्ष मुख्यतः सामने आए उनमें एक बात है कि अगुआई के संपादक अवधिज्ञानी थक रहे हैं, इसलिए समझौते करना लाजिमी है। और यह कि ज्ञानी ने 'पानी' कांड में विरोधी भूमिका निभाने वाले कबीर कल्पित की अगुवाई सम्मान में सहायता ली। इसके लिए अंधारुआ जोशी की ताजा किताब 'धर्मपरायण होने का सार' से एक संपादकीय का हवाला भी हैंडपंप ने दिया है। बाद में पारा ने उसके कुछ अंश छापे भी हैं।

सबसे पहले बात थकान वाले प्रसंग की। यह थकान कहाँ से आ गई हैंडपंप के दिमाग में? क्या अगुवाई के किसी अंक और उसकी सामग्री से इस थकान का पता चलता है? अगुवाई के साथ हर शहर में सैकड़ों लोग हैं जो उसका वितरण करते हैं, उसे बेचते हैं, आमंत्रण आदि की जरूरत पड़ने पर हर जगह पहुँचाते हैं, छोटी-छोटी रकम एकत्र करके, जरूरत पड़ने पर सदस्य बना कर भेज देते हैं, विज्ञापन प्राप्त करते हैं। ये लोग रचनाकार और गैर रचनाकार दोनों होते हैं। अगुवाई के पास कोई क्लर्क, चपरासी, डिस्पैचर आदि नहीं है। अगुवाई को किसी दफ्तर परिसर का किराया नहीं देना होता। स्थानीय लोग मिल-जुलकर यह सारा काम करते रहते हैं और इसका कोई शुल्क नहीं लेते। अलबत्ता जिसका पूरा जीवन ही लिखने या श्रमजीवी की तरह से संचालित होता है उसे हम मानदेय भी देते हैं। स्वयं हैंडपंप अगुवाई से मानदेय पा चुके हैं।

अगुवाई की सेवा करने और उसके साथ सहयोग करने में प्रतिबद्धता के सुख और सहकार के अलावा कुछ मिलता नहीं है। यहाँ न देह है और न अर्थ और न पद-प्रतिष्ठा। हमारे यहाँ यह भी संभव नहीं होता कि मददगारों की परिवार समेत तीन कहानियाँ साल भर में छप जाएँ, इतना ही नहीं उनके संग्रहों की वाहवाही समीक्षाएँ भी छपें। और जासूस की ढफली अलग आखिर में उनकी शान में बजाई जाए। वाह वाह वाह क्या खूब भारत देश हमारा। यह नजारा तो ज्यादातर पारा में और कभी-कभार कथासंसार या भभूत साहित्य जैसी पत्रिकाओं में ही देखने को मिलता है।

बहरहाल, अब आएँ अगुवाई के ऊपर समझौता करने वाले आरोप पर। अगुवाई सम्मान राजधानी वाले कार्ड में स्थानीय प्रबंध और कार्यकर्ता की हैसियत से कबीर

कल्पित का नाम छपा है। यह नाम हम न भी देते। पर चूँकि एक आदमी भाग दौड़ कर रहा है। उसको क्रेडिट दिया गया। वह आर्थिक प्रबंध कर रहा है, अपनी पूँजी लगा रहा है या किसी की पूँजी ला रहा है यह अर्थ हैंडपंप या यारा जी अपनी तरफ से किस तरह लगा रहे हैं? उनका कहना है कि यह व्यक्ति फासिस्ट है। भला बताइए तो इसमें कहाँ से फासिस्ट की बू आ रही है। कल तक जब यह लेखकों पर फिल्में बना रहा था तो सभी इसे कंधों पर लिए घूमते थे। तब तो सभी को इसमें से सुगंध वह भी तरक्कीपसंद सुगंध आती थी। आप सब फासिज्म से लड़ नहीं सके और कबीर पर टूट पड़े?

हम आपको बताना चाहेंगे कि अगुवाई सम्मान का कारोबार किस तरह चलता है। बिल्कुल संक्षेप में। अगुवाई सम्मान राशि और सम्मान चिह्न के अलावा सारा खर्च मिलजुल कर होता है। सूची बहुत लंबी है। दर्जनभर सालों की, पर एक झलक हम अब सभी को देना चाहेंगे। छोटे-छोटे व्यय लेखकों, प्रकाशकों, ग्राहकों, सदस्यों, मित्रों के सहकार से पूरे होते हैं। यह बात हर बार हम मंच पर दोहराते हैं, लेकिन यह पूछने का हक केवल अगुवाई के निर्माताओं को है। उनमें से यह कोई पूछ नहीं रहा है। बस सामने या पीछे वे ही लोग हैं जो आक्रमण करना चाहते हैं, झूठ को सच बताना चाहते हैं, कीचड़ उछालना चाहते हैं, छवि खराब करना चाहते हैं, ठेस पहुँचाना चाहते हैं। न हमें बड़ी पूँजी की जरूरत है और न हमें कबीर कल्पित से इस प्रकार की कोई उम्मीद है। जो खुद अपनी ससुराल के दम पर खा-पी रहा हो, जैसा उस आचार्य अल्पज्ञ के एक व्यावसायिक पत्रिका में छपे उपन्यास से पता चलता है; वही अल्पज्ञ जिसका एक उपन्यास उसी पत्रिका में छपने पर राजधानी का साहित्यिक वर्ग अपनी कलई खुलती देख इस कदर बौखलाया था कि अपने तमाम विरोध भुला कर एकजुट हो गया था और उस व्यावसायिक पत्रिका को यह सलाह देने के लिए तमाम धुरंधर पहुँचे थे कि आप नाहक ही हमारे क्षेत्र की कलई खोलने का काम क्यों कर रहे हैं? आपकी पत्रिका में यदि कथा साहित्य न छपे तो आपकी प्रसार संख्या तो घटने से रही। हमारी रोजी-रोटी पर लात तो मत मारिए, हम तो आपके खिलाफ कुछ नहीं छापते। आपके मुकाबले हम तो यों भी भुनगे हैं। कहते हैं उस पत्रिका ने इनके प्रति दयाभाव दिखाते हुए अपने यहाँ कथा साहित्य का प्रकाशन ही बंद कर दिया था कि न रहेगा बाँस न बजेगी बाँसुरी।

खैर, उस मामले की तह में जाना हमारा मकसद नहीं है, हम तो राजधानी के साहित्यिक ठेकेदारों को केवल याद दिलाया चाहते हैं कि वे मौका पड़ने पर कैसे एकजुट हो जाते हैं। हैरानी की बात यही है कि वे षडयंत्रकारी ऐसे मौकों पर ही एक होते हैं या अपनी दुकानदारी की हिफाजत के लिए, साहित्य के बड़े और पुख्ता सरोकारों के लिए कभी एकजुट नहीं होते। तब तो अपनी-अपनी ढफली,

अपना-अपना राग अलापते हैं। तो हम बात कर रहे थे, कबीर कल्पित की, जिसने अभी तक अपनी एक फिल्म में काम करने के एवज में हमारे परम मित्र और परम हितैशी कलाकार का पारिश्रमिक तक नहीं दिया, उससे भला हम क्या उम्मीद लगाएँ? काश, अपने पुराने मित्र के साथ इसकी वादाखिलाफी की खबर हमें इसका सहयोग लेने से पहले रही होती तो हम इसे अपने समारोह में फटकने तक न देते।

हमारी परंपरा रही है कि जो हमारे किसी साथी के साथ धोखाधड़ी करता है उसे हम अपने पास तक नहीं फटकने देते। इसी तरह जो हमसे हमारे समारोह में आने-जाने का खर्च माँगता है उसे भी हम दोबारा भूल कर भी निमंत्रित नहीं करते। यारा जी और अनाम राय इसके सबसे बड़े उदाहरण हैं। कोई भी चाहे उनसे पूछ सकता है कि एक शहर में हमारे समारोह में आने का उन्होंने यात्रा भत्ता माँगा था या नहीं। वह हमने उन्हें दिया जरूर, हालाँकि यह हमारी परंपरा के खिलाफ था, लेकिन फिर हमने कभी उन्हें अपने किसी समारोह में नहीं बुलाया।

राजधानी में आयोजित सम्मान समारोह के लिए हमें हमारे सदस्य मदन कौरव ने एक हजार रुपए, पंकज केशरी ने एक हजार रुपए, दयाशंकर ने एक हजार रुपए दिए। एक आलोचक ने पाँच हजार तक देने की इच्छा जाहिर की, जिसे हमने सहर्ष अस्वीकार कर दिया। कम से कम दस ऐसे और लोग थे जो हमारी मदद करना चाहते थे लेकिन हमें उसकी जरूरत ही नहीं पड़ी। पीयूस पांडे ने दस हजार रुपए दिए, जिसके एवज में हमने उनसे और उनकी पत्नी से अतिथियों का स्वागत करवाया। हालाँकि वह स्थानीय नहीं थे। छत्तीसगढ़ से पधारे थे। दरअसल हम यह दायित्व पणिपुत्री जी को देना चाहते थे, जिन्होंने हमें इतनी बड़ी रकम थमा दी थी कि जिसके चलते हमें अपने अन्य शुभचिंतकों से सहायता लेने की जरूरत ही नहीं पड़ी। पहले कभी पणिपुत्री जी हमें ग्यारह आजीवन सदस्यों का सदस्यता शुल्क दे ही चुकी थीं। इस अवसर पर उन्होंने बीस हजार रुपए दिए। हमने उनसे कहा कि हम चाहते हैं आप ही अतिथियों का स्वागत करें, लेकिन उन्होंने यह कह कर इसे ठुकरा दिया कि इसके बदले वे किसी का स्वागत नहीं करना चाहतीं बल्कि किसी बड़े मंच से खुद का स्वागत होते देखना चाहती हैं। अगुवाई इस तरह के सौदे नहीं करती, यह अब आज की तारीख में तो कहने की कोई वजह ही नहीं रह जाती, जब सभी को पता है कि इस बार का साहित्य अकादमी पुरस्कार इसके बावजूद किसे मिला है।

यह सब हम कतई बताना नहीं चाहते थे। 28 साल से सब कुछ कुर्बान करके एक बड़ा समाज हमने बनाया है। यह जल्दी टूटने वाला नहीं है। यह किसी निजी लक्ष्य से नहीं है हैंडपंप जी, और यारा जी, और अनाम राय जी, और देवानांप्रिय जी। हम नहीं चाहते कि आप लोग इसे चर जाएँ। सांस्कृतिक जगहों पर कब्जा

करने की आप लोगों की कूटनीति खेदजनक है। अगर कब्जा न हो सके तो बरबाद कर दो।

आप इस बात का ध्यान रखें कि किसी भी रणनीति या घात से किसी भी दक्षिणपंथी, फासिस्ट व्यक्ति या संस्था का हमारे क्रियाकलाप में कोई स्थान नहीं बनता, बल्कि आपातकाल से लेकर आज तक हमारे वैचारिक विरोधियों ने हमारे ऊपर बार-बार हमले किए हैं और आज भी कर रहे हैं। हमारा दुर्ग अभेद्य नहीं है। कई बार काम के दौरान चूक भी होती है। कई बार गलत लोग भी दाखिल हो जाते हैं, पर शुभेच्छुओं की बड़ी संख्या हमें आगाह कर देती है और हम अपनी यात्रा को संवार लेते हैं। पर पारा संपादक यारा, देवानांप्रिय और बेसहारा के सलाहकार अनाम राय शुभेच्छु नहीं हैं। ये लोग हमलावर हैं।

कबीर कल्पित से हमारा कोई राजनीतिक या आर्थिक रिश्ता नहीं है। वह हमारे लिए एक कार्यकर्ता है। अस्थायी कार्यकर्ता। कबीर की कोई हैसियत हमसे अपनी शर्त मनवाने की नहीं है। हम न यारा जी से संचालित होते हैं, न अनाम राय से, न देवानांप्रिय से। हम पंद्रह सालों में इन महान विभूतियों से राजधानी में दो बार ही शायद मिले हों। हम उनके दरबारों में नहीं जाते। हमारे पास महान विचारधारा और हिंदी के सर्वोत्तम रचनाकारों का समाज है। अगर ऐसा न होता तो समय हमारे काम को फेंक देता। हमारी एक ही इच्छा और प्रयास है कि एक साफ सुथरा संयुक्त प्रगतिशील सांस्कृतिक समाज हिंदी में बने। जो प्रतिरोधी हो, गतिशील हो। और बिकाऊ न हो। इस पतनशील गठबंधन की चिढ़ का बस यही कारण है।

आइए, देखिए कि पत्र-पत्रिकाओं और अखबारों में क्या-क्या छपा है। अखबारों में कायावती, भयललिता, चालू यादव, कठोर सिंह यादव, सुखीराम और अनगिनत लोगों के बारे में छपता रहता है। यादवों के बारे में कुछ अधिक छपता है। यह छपा था कहीं कि कठोर सिंह ने यारा सिंह यादव को प्रसार भारती में करवाया। यह छपा कि पुरस्कारों के विरोधी यारा सिंह की निगाह मगध पुरस्कार पर थी और उनके भक्त कई साल से फील्डिंग कर रहे थे और अंततः चालू यादव ने यारा सिंह यादव के नाम को टिक कर दिया। एक महान लेखिका और उनकी पत्नी ने जिनके बारे में एक पूरा गुलशन ही खोल दिया। एक अन्य ममतामयी लेखिका ने जिनके बारे में साक्षात्कार में तल्ख सच्चाई वाली भयानक टिप्पणियाँ की हैं। अखबारों में तो यही छप रहा है कि कठोर सिंह यादव के विवेकाधीन कोष से जिन लोगों ने अनुचित लाभ उठाया उनकी जाँच होगी और लाभ लेने वालों को सजा भी होगी।

अखबारों में तो यह भी छपा है कि पारा के संपादक के परम मित्र गिरमिटिया ने अपने उपन्यास के लिए काफी पैसा लिया और बड़े प्रदेश के विख्यात संघ के सपोर्टर राज्यपाल के भी निकटवर्ती बने। इस तरह हमारे ऊपर आक्रमण करने वाले

की पाँचों उंगलियाँ घी में हैं और पौ बारह हैं। कठोर सिंह यादव स्त्री विधेयक और दलित उत्थान के भरपूर खिलाफ हैं और यारा जी इसके समर्थक, पर जोड़ कितना मित्रवत बनता है। पर अंततः हम इन सब पर बहुत भरोसा नहीं करते, इसमें मजा नहीं लेते। ये स्वादिष्ट चीजें अधिक चलती नहीं हैं। यारा जी अपने समकालीनों में सबसे कमजोर लेखक हैं। साहित्य की दुनिया में उनकी वही हालत हुई जो देवानांप्रिय की सत्ता में हुई। राकेश मोहन के पत्रों वाली किताब में यारा जी के पत्रों से उनकी पोल खुल जाती है। चार अच्छे साहित्यिक वाक्य पत्रों में नहीं हैं। बस यही है—किताब छपा दो, रायल्टी दिला दो, उधार दिलवा दो, रहने की व्यवस्था करवा दो, मेरा ठीया जमा दो आदि-आदि आशय की बातों के अलावा।

हम बताना चाहते हैं कि छपे पर बहुत भरोसा नहीं करना चाहिए। अखबारों में तो यह भी छपा है कि पुरातात्विक महत्व की मूर्तियों की चोरी का आरोप देवानांप्रिय पर लगा। जो किसी तरह लीपा-पोता गया। आडिट रिपोर्ट में इंडिया हाउस और संस्कृति विभाग के घपलों की खबरें भी अखबार में हैं। तालाबों के शहर की टीचर्स कालोनी में शराब पीकर एक रमणी के घर के पास कार भिड़ा देने वाली खबरें भी अखबारों में हैं। पर हम इन सबको पीली पत्रकारिता का ही एक हिस्सा मानते हैं। रापिविभा के संपूर्णानंद भले ही उनकी रक्षार्थ आएँ या नहीं आएँ, देवानांप्रिय की हास्यास्पद पत्रकारिता खासतौर पर निर्जनसत्ता के दिमागी ऐयार संपादक के गठजोड़ वाली, और बदसलूकियों के अलावा भी उनका एक मुकाम आलोचना और आलोचना की भाषा में बनता है।

एक कुलपति अपार राशि सालों तक केवल पत्रिकाएँ निकालने, गोष्ठियाँ करने, अपना व्याख्यान जगह-जगह करवाने, स्वागत करवाने, पत्रिकाएँ खरीदने पर खर्च करता रहा। अपनी साहित्यिक हवस को पूरा करने में लगाता रहा। अपने कुनबे के लोगों को या हाँ-हाँ लोगों को विभिन्न तरह के लाभ दिलाता रहा। हम दोहरा मापदंड नहीं अपनाते। देवानांप्रिय से हमारा पुराना विरोध है। हमने कभी उन्हें नहीं छापा। जब बहुत सी पत्रिकाएँ उनकी खुली और ढकी-मुंदी स्तुतियाँ कर रही थीं, तब भी नहीं। उन्होंने खुद भी अपने एक साक्षात्कार में कहा है कि उन्हें अगुवाई पसंद नहीं। इसीलिए अगुवाई कभी भी राष्ट्रपिता विश्वभारती में नहीं खरीदी गई। हमने पत्र आने पर रापिविभा को केवल एक सूचना पत्र भेजा था, हमारा उनसे कोई पत्र व्यवहार नहीं हुआ। हम अपनी चीज के लिए डालर माँगें या दीनार, इसमें यारा को क्यों आपत्ति है? वे पारा में खुद पचास डालर कीमत छापते हैं। वे अपना पारा अंगड़ाई या आजादलोक के दाम में बेचें हमें क्या आपत्ति हो सकती है?

विद्वान हैंडपंप जी के लिए हम कुछ नहीं कहना चाहते। वे श्रमजीवी लेखक हैं। उनको पेट पालना है। इसके लिए बहुत कुछ करना पड़ता है। उन्हें बेसहारा

में अनाम राय को खुश करना ही है क्योंकि वे संपादकीय सलाहकार हैं। कालम बंद हो सकता है। फिर उनको बेसहारा के स्वामी की क्रांतिकारी भंगिमाओं और मनोदशाओं के अनुकूल भी रहना होता है। कहते हैं वे फासिस्टों के खिलाफ हैं। हालाँकि कुछ साल पहले इनके बाहुबलियों ने गोरखपुर और लखनऊ में एक वामपंथी कर्मठ महिला संगठन कर्मी और उनके साथियों को पीट-पीट कर लहूलुहान कर दिया था। वही बेसहारा अब फासिस्टों से लड़ रहा है। मित्रो, हैंडपंप जी को, यारा जी को, आप ध्यान दें वे केवल क्रांतिकारियों का अन्न खाते हैं, इनको यह पता है कि कौन दाना दलित का है, कौन फासिस्ट का।

आइए, यारा जी ने जिन शीर्ष पत्रकार अंधारुआ जोशी के संपादकीय को उभारा है और जिसका संदर्भ हैंडपंप ने अपने कालम में दिया है उनकी झलक देखें। अंधारुआ जोशी वही हिंदू हैं जिन्होंने देवराला सती कांड का प्रबल समर्थन करने वाला संपादकीय लिखा था। जिन्होंने देवराला सती कांड को महिमामंडित किया और कभी इसको रिग्रेट नहीं किया। जिनके संपादन में निकलने वाले अखबार का छह दिसंबर उन्नीस सौ बयानवे तक यही स्वर रहा—चलो अयोध्या, चलो अयोध्या। जो इस मौके पर अयोध्या नहीं जाएगा, उसे राम जी कभी क्षमा नहीं करेंगे। थकान और वृद्धत्व की वजह से या सामयिक स्वार्थों की वजह से ये लोग इस सच्चाई को शायद भूल गए हैं। इसका विरोध लगभग एक सैकड़ा लेखकों ने किया था। इसकी निंदा की थी। यह एक सर्वविदित तथ्य है कि अंधारुआ जोशी संघ हेडक्वार्टर के सर्वाधिक प्रिय व्यक्ति थे और वहाँ उनके लिए दिन-रात दरवाजे खुले रहते थे। वहाँ अंधारुआ की सत्ता थी, लेकिन राज्यसभा में जाने में मदद न करने की वजह से वे अंततः नाराज हुए, दूर हुए। रातों-रात कोई परिवर्तन नहीं हो गया। मित्रो, आपको शायद पता हो कि अंधारुआ जी हरिशंकर परसाई के घोर विरोधी थे, इसलिए कि उनको और संघ को परसाई रास नहीं आते थे। परसाई के खिलाफ वे बार-बार लिखते थे। परसाई की मृत्यु के बाद लिखे उनके लेख में गाली-गलौज वाली भाषा में उनको शराबी-लंपट तक लिखा गया। यह इसलिए लिखा गया था कि संघ खुश रहे। यारा जी और अनाम जी और हैंडपंप जी और देवानांप्रिय जी किस तरह के जनतांत्रिक हैं, पता नहीं।

इसके बावजूद हम पकड़ लिया, पकड़ लिया में भरोसा नहीं करते।

अगुवाई पर हमले के लिए जो बन गया गठजोड़ है उसमें अनाम राय की भी शालीन भूमिका है। इस समय वे बेसहारा के इकलौते सहारा हैं। एक दशक से वे रामविलास जी पर दाँव मार रहे हैं। उनके पास उपकृत सिपाही हैं। सांसारिक सफलता की किलेबंदी में उनका कोई सानी नहीं है। रामविलास जी के आगे हम तो भुनगे हैं। ओट से वार करने में, कुठांव हमले में वे जबरदस्त सिद्धहस्त हैं। तभी

उन्होंने मुंबई में प्रसन्नतापूर्वक कहा कि दिल्ली में अगुवाई सम्मान टांय-टांय फिस्स हो गया। इतिहास की शव साधना में वे हमारे समाज, साहित्य और संस्कृति की समस्त सकारात्मक चीजों को ध्वस्त कर डालेंगे। उनका साथ न देने वाले बरवाद कर दिए जाएँगे। वे अपनी ही संतानों को खाना शुरू कर रहे हैं। वे तांडव कर रहे हैं।

सारे प्रधानमंत्रियों से मैत्री के बावजूद वे न तो दूतावासों में जा सके, न राज्यपाल बन सके और न ही राज्यसभा में दाखिल हो सके। साहित्य अकादमी अलग निकल गई। अब नोचे-खरोंचे जाने के लिए हम लोग बचे हैं। गुडसहारा-गुडसहारा। एक सेठ के अकेले दम से कलकत्ते का अमृत महोत्सव हुआ। हमें अपार तकलीफ हुई जब भोपाल में अनाम राय को महोत्सव में सबा दो घंटे तक मुख्यमंत्री का इंतजार करना पड़ा। साहित्य अकादमी अवार्ड तक मुक्तिबोध उनकी किताब में अस्तित्ववादी थे और बाद में अगले संस्करणों में हेरफेर हो गई। जब किसका जलवा सर पर चढ़कर बोलने लगता है आलोचना बदलने लगती है। यही मुक्तिबोध के प्रति हुआ, यही परसाई के प्रति। आज तक यह सिलसिला चल रहा है। राजधानी अब इसका केंद्र हो गई है। साहित्य अब इन महारथियों द्वारा चटौवल व्यंजन में बदल गया है या झोली भरने के लिए। अनाम राय के आने के बाद बेसहारा निर्लज्ज चापलूसों का अड्डा बन गया है।

इस कठिन समय में, जब एक रचना छपाने के लिए लोग पैंतरा कर रहे हैं, पुरस्कृत या उपकृत होने के लिए बगुले की तरह इंतजार कर रहे हैं, हमारे पास बहुत थोड़े से मित्र, रचनाकार और उजड़े हुए प्रतिबद्ध साथी हैं। उधर ये तीनों-चारों लोग इतने ताकतवर हैं कि सांस्कृतिक फलक पर कुछ भी उलटफेर कर सकते हैं। बिना किसी मुद्दे के इनका जंतर-मंतर चलता रहता है। सांस्कृतिक उपद्रव कर सकने में ये उस्ताद हैं। इनका पूरा खेल जगह-जगह सांस्कृतिक कब्जे का है। उसमें परास्त होने पर ये अपनों को ही गोली मार देते हैं।

अनाम राय जी का ठंडा कसाईपन, हैंडपंप की कालिखी उमंग और यारा जी की जो हमसे टकराएगा, चूर-चूर हो जाएगा वाली धमकी हमारे लिए संघर्ष की नई राह खोलती है।

अगुवाई की ओर से जारी।"

ज्ञानी जी का बयान पढ़ने के बाद यारा जी क्षण भर को थमे। दोनों हथेलियों को आपस में गूँथकर मन ही मन अपने से बोले-बतियाए। एक क्षण को उन्हें लगा कि इसके लिए तो ज्ञानी जी को शाबासी का खत लिखना चाहिए। यदि इसमें से दो-चार

जगह जो गालियाँ दी हैं, उन्हें नजरंदाज करके पढ़ा जाए तो उनकी ताकत और समझ को उजागर करने वाला इससे अच्छा कोई आलेख अभी तक उनकी नजर से नहीं गुजरा। फिर कहते हैं न तारीफ वही, ताकत वही जो दुश्मन माने, मुकाबिल कबूल करे। लेकिन ऐसा कोई कदम उठाने से पहले उन्होंने इस पूरे बयान को फिर से पढ़ना जरूरी समझा। चूँकि अभी जब वह इसे पढ़ रहे थे, तब उस पंक्ति तक तो ध्यान से पढ़ते रहे जिसमें अगुवाई को आर्थिक मदद देने वालों का जिक्र आया था, लेकिन उसमें सबसे अधिक मदद देने वाली पणिपुत्री का उल्लेख क्या पढ़ा, उसके बाद उनका मन पूरी तरह बयान को पढ़ने में नहीं लगा, भले ही आँखें उसी पर टिकी रहीं।

अब रह-रह कर यारा जी को वह मनहूस घड़ी याद आ रही थी जब उन्होंने ही पणिपुत्री को पहली-पहली बार यह सूचना दी थी कि ज्ञानी जी राजधानी में आए हुए हैं। तुम उन्हें अपने घर दोपहर के भोजन पर बुलाओ और हो सके तो जैसे एक विद्वान को दक्षिणा सहित विदा किया जाता है, वैसा ही करो।

पणिपुत्री ने वैसा ही किया था, इसकी खबर उन्हें थी। पणिपुत्री ने उनकी बेटी के विवाह के समय सुरापान का इंतजाम किया है यह भी उन्हें खबर लग गई थी, हालांकि यह पणिपुत्री ने उनके सामने कभी उजागर नहीं किया था। जब यारा जी को इसकी भनक लगी थी, तब उन्होंने ज्ञानी जी को आगाह भी किया था कि खबरदार जो अब कभी हमारी किसी चहेती से पत्र-पुष्प का उपहार लिया। ज्ञानी जी को इस ओर से सावधान करना बहुत जरूरी जानकर ही यारा जी ने वह कदम उठाया था। उन्हें खबर लगी थी कि पणिपुत्री ही नहीं, आभा वितान ने भी अगुवाई को खासी रकम दान में दी है। बदले में अपना एक लंबा लेख भी वहाँ छपवाया है।

बहरहाल, इस ऊहापोह से उबरते ही यारा जी ने दे ताली की क्रिया अंजाम दी। फिर खुद ही अपनी पीठ भी थपथपाई। अपने आप को धन्यवाद दिया कि अच्छा हुआ जो वह समय रहते चेत गए। यदि इस पणिपुत्री, आभा और ऐसी ही तमाम छोटे-छोटे आँचल वालियों के फेर में पड़े रहते तो कहीं के भी न रहते। ये जो हर मंगते को दो बासी रोटी थमा देने की आदत की मारी हैं, ये किसी दिन यह कह कर टरका भी सकती थीं, कि कल घर में चूल्हा ही नहीं जला, सो अपना रास्ता लो बाबा।

जब ज्ञानी जी की बेटी की शादी के दौरान किसी प्रशंसक की ओर से सुरापान की व्यवस्था की गई थी, और किसी भी तरफ से यह भनक नहीं लगी कि वह इंतजाम किसने किया था, तभी से यारा जी सचेत हो गए थे। उन्हें रह-रह कर लग रहा था कि जरूर यह दायित्व उनकी किसी भक्तन ने उठाया है, इसीलिए नाम उजागर नहीं होने देना चाहती, वरना जिस क्षेत्र में एक रचना की तारीफ कर देने

भर के प्रतिदान में रचनाकार से जाने क्या-क्या माँग लिया जाता है, इतना सब कर गुजरने के बाद भी कोई नेपथ्य में रहना चाहे, यह आसानी से गले उतरने वाली बात तो नहीं लगती। हालाँकि बाद में उन्हें ऐसे संकेत भी मिल गए थे कि उस दिन की साकी पणिपुत्री थी।

तभी से यारा जी ने अंग्रेजी की उस रचनाकार की खुले शब्दों में तारीफ करनी शुरू की थी। अपने पुराने कहे को खुद की स्लेट पर लिखी इबारत की तरह अपने ही हाथों मिटा दिया था। आज यारा जी समय से चेत जाने के अपने उस फैसले से खुद ही पर मोहित हो-हो जा रहे थे। पणिपुत्री का नाम ज्ञानी जी को आर्थिक मदद देने वालों में सबसे ऊपर देख कर भी यारा जी के पूरी तरह विचलित न होने की वजह उनका वही पूर्वाभास था जिसके चलते उन्होंने समय रहते सही दिशा में कदम उठा लिए थे। एक अविरल स्रोत के किसी और दिशा में मुड़ जाने के आहत कर देने में समर्थ इस खुले खत को वाँचने से पहले जिन दो खतों को वाँचना उन्होंने मुल्तवी किया था उनमें उन्हें आह्लादित कर देने वाली दो-दो खबरें थीं।

ज्ञानी जी के खुले खत को दो बार और पढ़ लेने के बाद, जितना गमगीन हुआ जा सकता था, उतना हो चुकने के बाद, यारा जी ने उन दो खतों में से एक को खोला।

यह खत अंग्रेजी की उसी लेखिका का था। इस खत में लिखा था कि यारा जी ने अपना ही थूका चाटने वाली कहावत को अंजाम देते हुए यानी घनघोर आलोचक से सिरमोर प्रशंसक बनने की जो कसरत की थी, यारा जी चाहें तो इस खत में वर्णित खबर को उसी का सुफल मान सकते हैं। बहरहाल, उक्त समर्थ रचनाकार ने हाल में एक करोड़ से भी ज्यादा इनाम में मिली पूरी रकम साहित्यिक पत्रिकाओं को दान देने का ऐलान किया है। इस रकम में से तकरीबन एक-चौथाई अकेली यारा जी की पारा को दी जाएगी।

लेखिका ने यारा जी को स्पष्ट शब्दों में लिखा था कि न वह उनकी आलोचना से कभी डरी और न ही अब उनकी प्रशंसात्मक टिप्पणियों से खुश है। वह जानती है कि यारा जी उसकी तारीफ पर क्यों उतर आए हैं। उनकी अपेक्षाओं की पूर्ति करने के पीछे मात्र वजह यह है कि उसे पता चला है कि यारा जी और उन जैसे अन्य साहित्यिक पत्रिकाओं के संपादक-प्रकाशक अपने-अपने क्षेत्र के काबिल लोग हैं। उनके मन में सचमुच देश का, समाज का भला करने की भावना है। उनकी नीयत साफ है। वे समझदार और तरक्कीपसंद विचारधारा के ही लोग हैं। जैसा समाज हमें मिला है, उसे वैसा ही आगे नहीं बना रहने देना चाहते, उसमें क्रांतिकारी परिवर्तन की आकाँक्षा रखते हैं। लेखिका को इस बात का पूरा भरोसा है कि यदि उन्हें अवसर और स्थितियाँ अनुकूल मिलें तो वैसा कर भी सकते हैं, पूरी तरह भले

ही बदलाव न ला सकें, काफी हद तक ला सकते हैं। लेकिन यह खेदजनक है कि हालात उनका साथ नहीं देते। उनके अपने साधन उन्हें वह सब नहीं करने देते जो वे दिल से चाहते हैं। इसीलिए उन्हें इस-उस के आगे हाथ फैलाना पड़ता है, इस-उस से अपेक्षा रखनी पड़ती है। फिर जो लोग उनके हाथ पर दो पैसे रखते हैं, जो उनकी अपेक्षा को पूरा करने की सामर्थ्य रखते हैं, वे उनसे अपनी अपेक्षाएँ भी पूरी करवाते हैं। अपनी और अपनों की चर्चा के रूप में, अपने और अपने जैसों के कारनामों के प्रति आँखें मूँदे रखने के रूप में। इन हालात को बदलने के लिए ही लेखिका ने ऐसी पत्रिकाओं को धन देने का मन बनाया है। इतना धन कि जिससे वे आत्मनिर्भर हो सकें और फिर उन्हें छोटी-छोटी रकम पाने के लिए बड़े-बड़े समझौते न करने प्ड़ें। ऐसे समझौते जो उनके सिद्धांतों के एकदम विपरीत हों। लेखिका ने यारा जी सहित सभी संपादकों से यह अपेक्षा की थी कि यदि वे सचमुच समाज में परिवर्तन के आकाँक्षी हैं, जब उन्हें पता है कि उनके साधन सीमित हैं, तो अपनी जीवन चर्या को भरसक कम खर्चीला बनाएँ।

लेखिका ने यारा जी को लिखे पत्र में अपना एक कुतूहल भी लिख भेजा था। लेखिका ने लिखा था कि यह तो उसकी समझ में आता है कि उसके इधर हाल के सामाजिक सरोकारों ने यारा जी को उसका मुरीद बना दिया और वे भी औरों की तरह उसके समर्थक और प्रशंसक बन गए, लेकिन उसकी समझ में यह पहेली नहीं आई कि यारा जी को उसका जो उपन्यास कुछ साल पहले दो कौड़ी का लगा था, जिसकी उन्होंने लिखित रूप में भी और मौखिक रूप में भी घनघोर आलोचना की थी, वह उपन्यास, लेखिका द्वारा उसमें एक भी शब्द बदले बिना, कैसे अच्छा लगने लगा? यारा जी उसके उस उपन्यास के आलोचक से प्रशंसक क्योंकर बन गए? लेखिका ने यारा जी के इस परिवर्तन को अच्छा संकेत नहीं माना था। उसने यारा जी से अपेक्षा की थी कि भविष्य में उनकी आलोचना रचना पर केंद्रित रहे, संबंधों पर नहीं। फिर वह चाहे उसकी किताबों पर हो या औरों की। ऐसा न होने पर साहित्य के मूल्याँकन पर से ही लोगों का भरोसा उठ जाएगा। लेखिका ने आशंका व्यक्त की थी कि बहुत संभव है उनकी यह कुलटइयाँ भविष्य में पाठकों को उनके किए-धरे को भूल जाने पर विवश कर दे।

यारा जी ने खत को पढ़ कर मोढ़ा, दोहरा किया, तिहरा किया, चौहराया और दराज के हवाले करते हुए बुदबुदाए, 'तू नहीं और सही, और नहीं और सही।'

इसके बाद एक बार फिर दे ताली की क्रिया दोहराने, तिहराने, चौहराने में मशगूल हो गए।

काफी देर तक तालियाँ बजाने और उनकी ध्वनि-प्रतिध्वनि खुद ही सुनने के बाद यारा जी ने दूसरा खत खोला। यह खत शासकीय खत था। राजधानी के खिलाड़ी

भवन से आया था जहाँ प्रदेश की मुख्यमंत्री विराजती हैं।

खत में लिखा था कि कभी कोई पुरस्कार न लेने की भीष्म प्रतिज्ञा को अपनी पारा की खातिर एक बार फिर तजने वाले यारा सिंह को प्रदेश के सबसे बड़े सम्मान से नवाजे जाने का ऐलान माननीया मुख्यमंत्री ने किया है। यारा जी की इच्छा के अनुरूप पुरस्कार राशि का चैक पारा के नाम से ही दिया जाएगा, जिसके किसी भी बैंक खाते से रकम तभी निकाली जा सकती है जब उक्त खाते के चैक पर यारा जी के दस्तखत हों। इन हालात में यदि चैक यारा जी के नाम से बनता तब भी क्या फर्क पड़ने वाला था? हालाँकि यारा जी ने इस तरह की शर्त रख कर शासन की थोड़ी दुविधा बढ़ाने के अलावा कुछ भी ऐसा नहीं किया जिससे यह सिद्ध हो सके कि वे इस रकम को लेकर कोई माया-मोह नहीं रखते। यारा जी चाहते तो अपने ही नाम से चैक ले लेते और फिर अपनी ओर से उतनी ही रकम का एक चैक पारा के नाग जारी करके इस रकम को पारा के हवाले कर देते।

बहरहाल, उम्मीद है इससे तेरह किलो के कागज पर छपने वाली पारा की आर्थिक दशा सुधर जाएगी। इस सम्मान से सम्मानित होने के लिए यारा जी कृपया राजभवन में आने का कष्ट करें। आते समय यह पत्र लाना न भूलें अन्यथा दरवान उन्हें भीतर नहीं आने देगा। अपने साथ इस पत्र के अलावा ऐसा कोई सामान या विचार न लाएँ जो उन्हें किसी उलझन में डाले। यह सम्मान माननीया मुख्यमंत्री के जन्मदिन पर प्रदान किया जाएगा।

खत में मुख्यमंत्री की ओर से लिखा गया था कि उन्हें इस बात की खुशी है कि यारा जी ने उनके किसी भी अनुचित आचरण या आदेश पर आपत्ति न करके अपनी वफादरी का परिचय दिया है। जिस आधे-अधूरे प्रदेश में वह रहते हैं, वहाँ नागरिक सुविधाओं का नितांत अभाव है, लिखने-पढ़ने की इच्छा होने पर बिजली गुल मिलती है, प्यास लगने पर पानी नदारद मिलता है, किसी से बतियाने की तमन्ना होने पर टेलीफोन मरा मिलता है, कोई भी गुंडा-मवाली कहीं भी लूट-खसोट कर गुजरता है, स्थानीय सरकार और प्रशासन के कान पर जूँ तक नहीं रेंगती, फिर भी उन्होंने कभी इसकी शिकायत नहीं की। इस प्रदेश में एक महिला पत्रकार की हत्या की गुत्थी, एक पत्रकार की पत्नी की हत्या की गुत्थी, एक राजनीतिक कार्यकर्ता महिला के शव को तंदूर में जलाए जाने की गुत्थी, एक श्रमजीवी महिला की एक मधुशाला में हुई हत्या की गुत्थी, आज तक नहीं सुलझी, फिर भी आपने, जो महिलाओं के नितांत पक्षधर हैं, कभी भी इस तरफ उँगली नहीं उठाई, कभी भी ऐसी कोई माँग उठा कर सरकार को उलझन में नहीं डाला। सरकार की तरह इन्हें नजरंदाज कर अपने संपादकीयों में और गहरे, गहन, अबूझ और पारलौकिक मुद्दों पर ही लिखते रहे। सरकार आपकी इस सोच और समझ से बेहद सुकून महसूस करती है। सरकार जानती है कि आप उसकी प्रतिद्वंद्वी पार्टी को ही देश का एकमात्र शत्रु घोषित करते

रह कर प्रकारांतर से इस सरकार के सही और सार्थक होने का संकेत करते रहे हैं, आपके इस सहयोग को सरकार भुलाना चाहे तो भी नहीं भुला सकती। सरकार को खबर है कि आपकी पत्रिका को जब-तब डाक से भेजने पर रोक लगाई गई फिर भी आपने उफ तक नहीं की। डाक दरें बढ़ीं पर आप मौन रहे। कोटे का कागज नहीं मिला फिर भी आपके चेहरे पर शिकन तक नहीं आई। आपकी तुलना में एक से एक गए-गुजरे को सरकार ने आपके सिर पर बैठाया फिर भी आप विचलित नहीं हुए। आपके एक संपादकीय पर कुछ संप्रदायवादियों की भावनाएँ आहत हुईं ऐसा उन्होंने प्रचारित किया। उन्होंने आपका काम तमाम करने तक के फतवे जारी किए, आप फिर भी बच गए, आपकी किस्मत, इस पूरे प्रसंग में हमारी सरकार मूक दर्शक बनी रही, आपकी हिफाजत का कोई प्रबंध करने का विचार तक इसके ख्याल में नहीं आया, फिर भी आप इस सरकार से खफा नहीं हुए। आपके इन तमाम सहयोगी, मौन और मुखर योगदानों के एवज में यह सरकार आपको पुरस्कृत करना चाहती है। यह काम सरकार तुरंत करना चाहती है, चूँकि कुछ ही महीनों बाद चुनाव होने वाले हैं और तब जाने कौन आए, कौन जाए। सरकार आपसे अपेक्षा करती है कि आप इस पुरस्कार को ग्रहण कर जन-जन तक सरकार का यह संदेश पहुँचाने में मदद करें कि यह सरकार अगड़ों और अपनों को ही नहीं पिछड़ों और बेगानों को भी अवसर देती है।

मुख्यमंत्री महोदया ने अपने खत में लिखा था कि सरकार को खबर है कि किसी से कुछ भी अपने लिए ग्रहण करना आपके सिद्धांत के खिलाफ है। आप जो भी ग्रहण करते हैं महिलाओं से ही करते हैं, वह भी पारा के लिए। सरकार आपकी सिद्धांतवादिता के आगे नतमस्तक है। आपकी यह प्रतिज्ञा भंग न हो इसीलिए तो इस सरकार ने मुझ महिला को मुख्यमंत्री बनाया हुआ है। मेरे हाथों पुरस्कृत होकर आपकी प्रतिज्ञा की रक्षा दोनों दृष्टियों से हो सकेगी। आप महिला हाथों ही इसे ग्रहण करेंगे और पारा के लिए ही करेंगे। आपका यह सिद्धांत भविष्य में भी भंग न हो इसके लिए सरकार आपको पुरस्कार राशि के साथ कई दर्जन गिलास भी देगी। सरकार को खबर है कि इतनी कम राशि का पुरस्कार पाने के बाद गम गलत करना लाजिमी होगा। इन सभी गिलासों पर पारा लिखवाया जा रहा है। इन गिलासों में देवरस ग्रहण करने से आप धर्मसंकट में पड़ने से बचे रहेंगे। इन गिलासों में देवरस ग्रहण करने का अर्थ यही लिया जाएगा कि आप वह भी पारा के लिए ही ग्रहण कर रहे हैं। इस तरह आप रिंद के रिंद रहेंगे और आपके हाथ से जन्नत भी नहीं जाएगी।

कहना न होगा, इस खत को पढ़ने के बाद यारा जी ने जो दे ताली का सिलसिला शुरू किया वह अनवरत आज भी जारी है। यदि आप कभी राजधानी में गाँधी बाबा की समाधि के आसपास से गुजरेंगे तो यकीनन यह आवाज आपको भी सुनाई देगी।

•••

कबीर की कविता

एकांतवास मेरी प्राथमिक मानसिक शर्त रही है लेखन के लिए। उन दिनों मेरा सोने-खाने, उठने-बैठने का कोई तयशुदा समय नहीं रहता। घर के दरवाजे बंद करके एकदम बेफिक्र हो अपने ढंग से रहना-सहना होता है।

सन् पचासी के वे ऐसे ही दिन थे।

ठीक उन्हीं दिनों एक सहकर्मी ने खबर दी कि वे मेरे पड़ोस में अपना मकान बनवाना शुरू करने जा रहे हैं, इसके लिए दफ्तर से, सोसायटी से कर्ज लेना है, सो मुझे अगले रोज उनके साथ दफ्तर चलना होगा, ताकि गवाह के रूप में मैं कागजों पर दस्तखत कर सकूँ। चूँकि मेरे कर्ज के कागजों पर वह गवाह बने थे, लिहाजा मना करने की न तो गुंजाइश थी, न औचित्य और न यों भी कोई कारण।

जब हम दफ्तर पहुँचे, वहाँ कबीर बैठा हुआ था। नमस्कार-चमत्कार के बाद मैं दफ्तर के दूसरे विभाग में चला गया। मेरे सहकर्मी बन्धु को कर्ज लेना था, मुझे उनके साथ लेखा विभाग, सोसायटी के ऑफिस में, रजिस्ट्रार के दफ्तर में स्टांप भरवाने, फिर सोसायटी से चैक लेकर बैंक से रुपया निकालने जाने में काफी समय लग गया।

जब हम दफ्तर लौटे तब दिन के तकरीबन तीन बज रहे थे। सहकर्मी बन्धु ने रकम बैंक में ही मुझे सौंपते हुए बताया था कि संभवतः आज ही उनका बिल्डिंग मेटीरियल पहुँचना शुरू हो जाएगा। इसलिए रकम मैं अपने साथ रखूँ और ज्यों-ज्यों सामान आता रहे, उनकी लिखी पुर्जी देखकर लाने वालों को सामान की रकम का भुगतान करता रहूँ। मुझे समझते देर नहीं लगी कि मियां, अब समझो लिखना-पढ़ना बंद, आजादी उड़नछू। अब घर बैठकर इनके सप्लायरों को भुगतते रहो।

चूँकि रकम बहुत अधिक थी इसलिए मैं बैंक से सीधे घर न जाकर वापस दफ्तर आया था ताकि वहाँ अपनी दराज में से एक छोटा थैला और लिफाफा लेकर रकम को हिफाजत से रख सकूँ। प्रायः दफ्तर से लौटते हुए कभी पुस्तकें, तो कभी सब्जी-फल वगैरह लाने के लिए एक थैला दराज में रखने की मेरी आदत है।

जब मैं अपने विभाग में पहुँचा तो देखा कि कबीर कल्पित अभी भी जस का तस बैठा है।

"क्यों भई अभी यहीं हो?" मैंने यों ही उसे टोका।

"मैं तो आप ही से मिलने के लिए बैठा हूँ," कबीर ने हँसकर कहा।

"सच! पर मैंने तो समझा था कि तुम नरेश जी से मिलने आए होगे, इसीलिए सुबह तुमसे हलो कहकर चला गया था। अगर मुझे जरा भी अंदाजा होता या तुमने ही कहा होता तो खामखाँ तुम्हारा इतना समय..."

"हा, हा," ताली पीटकर हँसा कबीर, "आप तो गंभीर हो गए, मैं तो मजाक कर रहा था।"

"ओह!" मैंने शर्मिंदगी को परे धकेला।

हाँ सचमुच, यह मजाक ही तो हो सकता था! कबीर से मेरा ऐसा परिचय ही कहाँ जो यह मेरे इंतजार में इतनी देर बैठे। अभी पिछले सप्ताह ही तो पहली बार नरेश ने मुझे इससे मिलवाया था। उस दिन शाम जब हम दफ्तर से उठे तो नरेश मुझे पास ही के ताजमहल होटल में ले गया। उसने बताया कि प्रयाग से आए एक युवा लेखक वहाँ ठहरे हुए हैं।

होटल पहुँचने पर नरेश ने बीस-बाईस साल के एक दुबले-पतले लड़के से मेरा परिचय करवाया, "शास्त्री जी, ये हैं युवा नाटककार, कबीर कल्पित, और कबीर, ये हैं हमारे सहयोगी आचार्य अल्पज्ञ शास्त्री जी।"

कबीर ने अपना हाथ जब मेरे हाथों में दिया, मुझे लगा मैंने केवल हड्डियों का ढांचा पकड़ा हुआ है। अपना भी स्वास्थ्य यों कोई खास सुदर्शन नहीं है, मगर फिर भी कबीर का स्वास्थ्य मुझे अपने तईं चिंता का विषय जान पड़ा।

कबीर ने मिलनसारिता का अच्छा परिचय दिया। काफी देर तक हम दुनिया-जहान की बातें करते रहे। हमारे आतिथ्य के लिए कबीर ने होटल के एक बैरे को भेजकर तरल-गरल सामग्री मँगाई। खाना खिलाकर विदा किया। तिस पर एक बहुत उम्दा नाटक भी सुनाया।

कबीर के व्यवहार, लेखन से प्रभावित मैं जब होटल से बाहर आया तो नरेश ने बताया कि कबीर हिंदी के एक वरिष्ठ लेखक भटनागर जी का लेखकीय सहयोगी भी है। रेडियो रूपक लिखता है, इसने हमारे कई युवा साथियों की कहानियों का रेडियो रूपांतर किया है। इधर हाल में भटनागर जी के दो उपन्यासों पर टीवी सीरियल तैयार हुए हैं। दोनों की पटकथा कबीर ने लिखी है। आजकल कबीर उन्हीं पटकथाओं का पारिश्रमिक लेने यहाँ आया हुआ है।

"एक बात बताऊँ आपको शास्त्री जी! किसी के विश्वास और अपनेपन को दरकिनार कर तमाम संबंधों के ऊपर किस तरह रुपया आ विराजता है, उसका बहुत

अच्छा नमूना भी है यह बात," कबीर के बारे में बताते-बताते यकायक बीच सड़क पर रुककर कहा नरेश ने।

"मगर तुम तो कबीर के बारे में..."

"हाँ, कबीर के बारे में ही बता रहा हूँ, उसका भी ताल्लुक है उससे," नरेश ने थोड़ी झुंझलाहट के साथ कहा।

"तो बताओ न!"

"पटकथाओं का पारिश्रमिक तो प्रोड्यूसर से भटनागर जी के बेटे पहले ही ले जा चुके हैं।"

"क्या? यह कबीर को नहीं मालूम?"

"नहीं तो!"

"तुमने भी नहीं बताया?"

"बेचारे का दिल टूट जाता।"

"मगर एक-न-एक दिन तो उसे मालूम होगा ही, प्रोड्यूसर तो बता ही देगा।"

"जब तक नहीं पता लगता तब तक...और मेरा ख्याल है वह नहीं बताएगा। उसे अभी और भी तो काम हैं भटनागर जी से!"

"और...भटनागर जी?"

"हो सकता है उन्हें भी न पता हो इस लेन-देन का।"

"यह कैसे हो सकता है?"

"हो सकता है उनके लड़के ने उन्हें भी न बताया हो वरना मेरा भी अनुमान है कि वे कबीर को यहाँ नहीं आने देते।"

"तुम्हारा कबीर से परिचय कैसे हुआ?"

"अपने संपादक तारक जी भी कभी भटनागर जी के पास रहे हैं न, उन्हीं ने परिचय करवाया था पिछले दिनों।"

"कब?"

"आप उन दिनों छुट्टी पर थे, अपनी पत्रिका की ओर से कथा समारोह हुआ था न पिछले महीने, उसमें भटनागर जी के साथ यह भी आया था। तभी तो उनके बेटे पटकथाओं का पारिश्रमिक ले गए थे। मैं ही लेकर गया था उन्हें वहाँ।"

"तो यह बात है," कहकर मैंने इस प्रसंग को यहीं समाप्त कर दिया था। यों और कोई प्रश्न उठा भी नहीं था तत्काल मन में। मगर इस प्रकरण को जान लेने के बाद अपने इस मेजबान, ठगे गए, कबीर के प्रति सहानुभूति की भावना ने स्थायी रूप से घर अवश्य कर लिया था।

"किसी खास काम से आना हुआ है क्या?"

"नहीं, ऐसे ही," कहकर चुप हो गया कबीर। मुझे लगा जरूर कोई बात और भी है जिसे यह संकोचवश कह नहीं पा रहा है।

"यार मैं तो दरअसल छुट्टी पर हूँ, आओ कैंटीन में चलकर बैठते हैं, वहीं गपशप करेंगे," मैंने कहा और उसे जबरन दफ्तर से उठाकर कैंटीन में ले आया।

"किसी खास काम से आए हो क्या?" मैंने फिर दोहराया।

"नहीं तो," बोला कबीर और जाने क्या तलाशने लगा मेरे चेहरे पर।

"फिर? एक ही सप्ताह बाद..." मैंने चाहा कि वह पारिश्रमिक वाली बात पूछ लूँ, मगर यह विश्वासघात होता मेरा नरेश के प्रति और नरेश का भी किसी के प्रति, इसलिए मैंने नहीं पूछा।

"मैंने शादी कर ली है शास्त्री जी," कबीर ने ससंकोच कहा।

"कब?"

"चार रोज पहले।"

"हनीमून के लिए आए हो? फिर यह मुँह क्यों लटका रखा है?"

"हनीमून के लिए नहीं आए न।"

"आए? क्या पत्नी-भी साथ है?"

"हाँ।"

"कहाँ है? और तुम अजीब आदमी हो। जुम्मा-जुम्मा चार दिन शादी को हुए हैं, पत्नी साथ है, दूसरा शहर और जनाब पूरा-पूरा दिन नीरस साहित्य चर्चा के लिए विख्यात दफ्तर में तप कर रहे हैं।"

"बात ही कुछ ऐसी है।"

"कैसी? कोई परेशानी है क्या? यार बताओ भी।"

"हमने कोर्ट मैरेज की है।"

"तो क्या हुआ? की तो दोनों की मर्जी से है न?"

"एक तरह से।"

"क्या मतलब है तुम्हारा?"

"बात यह है कि अभी शादी करने का मेरा कोई इरादा तो था नहीं, वो तो जैसे ही मैं यहाँ से लौटकर प्रयाग पहुँचा, कविता ने मुझे बीच रास्ते में रोककर पूछा कि तुम आज ही, अभी मुझसे शादी करोगे या नहीं? मैंने बहुतेरा पूछा कि बात क्या है? पर उसने कुछ भी बताया नहीं। मैंने सोचा जरूर इसके घर वाले कहीं और शादी करना चाहते होंगे, सो मैंने भी हाँ कर दी और तभी दो मित्रों को साथ लेकर हम आर्य समाज मंदिर गए, वहाँ शादी करके रजिस्ट्रार के दफ्तर में प्रार्थना पत्र दिया, दो दिन अज्ञातवास किया। कोर्ट से सर्टिफिकेट मिलने पर प्रकट हुए। शहर भर में हल्ला मच गया। इनके घर वालों ने नाराजी दिखाई, सो उठाई पेटी और

यहाँ चले आए।"

"कहाँ ठहरे हो?"

"ताजमहल में।"

"क्यों? कोई नाते-रिश्तेदार नहीं है यहाँ?"

"कहाँ यार, न नाते-रिश्तेदार, न नौकरी-चाकरी, न पैसा-धेला कोई खास है हाथ में।"

"खैर उठो, फौरन यहाँ से चलते बनें।"

"कहाँ?"

"ताजमहल में।"

"क्यों?"

"चलो तो सही, बाद में बताऊँगा," मैंने जोर देकर कहा और हाथ पकड़कर उसे लगभग जबरन कैंटीन से बाहर खींच लाया।

"वो नरेश जी मेरा इंतजार करेंगे।"

"मैं कैंटीन वाले से कह जाता हूँ। तुम सीधे नीचे पहुँचो।"

कैंटीन वाले को नरेश तक सूचना पहुँचाने के लिए कहकर मैं स्वयं भी भागा-भागा नीचे आया।

कबीर के साथ-साथ ताजमहल की ओर जाते हुए मैं बार-बार एक ही बात सोच रहा था कि इसकी पत्नी के साथ कहीं वह सब न घट चुका हो जो ताजमहल में प्रायः घटता रहता है।

कितनी गलत जगह का चुनाव किया था इस कबीर ने, यह नहीं जानता। इस ताजमहल में तो आए दिन मुमताजें उड़ाई और दफनाई जाती हैं!

और यह...यह अपनी नवविवाहिता को वहाँ असुरक्षित छोड़कर यहाँ हमारे दफ्तर में साहित्यिक वातावरण की सुरक्षा में घिरा बैठा नरेश के मुक्त होने का इंतजार कर रहा है। इसे क्या खबर कि यह नरेश का नहीं, नाश का इंतजार कर रहा है।

"तुम्हें कोई और होटल नहीं मिला ठहरने को?" रास्ते में मैंने पूछा। मेरे स्वर में आ मिले क्रोध और खीझ के भाव ने कबीर को चौंकाया।

"दरअसल यहाँ मैं पहले भी ठहर चुका हूँ न! यहाँ के मैनेजर, बैरे सब पहचानते हैं मुझे। यहाँ भी कमरा कहाँ था, वह तो जान-पहचान की वजह से मैनेजर ने अपना कमरा दे दिया, वह भी मुफ्त में। और फिर शास्त्री जी, सच्ची बात तो यह है कि हमारे पास कुल रकम भी तो चार-पाँच सौ रुपए ही है। असल में जल्दी में कुछ इंतजाम..."

"क्या वह तुम्हारे साथ पढ़ती थी?"

"कौन?"

"तुम्हारी पत्नी।"

"ओह कविता! नहीं भाई, पड़ोस में रहती थी। बड़ी सीधी लड़की है, अपर मिडिल क्लास से है, घरेलू किस्म की, आप देखेंगे तो लगेगा ही नहीं कि वह इतना बड़ा काम कर सकती है, वैसे एक बात और है, है भी आप ही की जाति की।"

"और तुम?"

"मैं हूँ सक्सेना, शुद्ध कायस्थ।"

हम ताजमहल के मुख्य द्वार तक आ गए थे। द्वार से बहुत भीतर एक कमरे के सामने रोनी सूरत लिए एक किशोरी खड़ी थी, नीला सूट पहने। हाथों में ढेर सारी चूड़ियाँ, माँग में ढेर सारा सिंदूर, मत्थे पर बहुत बड़ी लाल बिंदी। आँखों में काजल से कहीं अधिक आँसू लिए, साँवले-सलोने चेहरे-मोहरे वाली एक भयातुर किशोरी को देखते ही जाने कैसी करुणा ने जन्म लिया मेरे मन में।

कबीर को देखते ही उस किशोरी के चेहरे पर बाल-सुलभ हास्य छा गया। दोनों हाथों से आँसू पोंछती वह कबीर के पास पहुँचने को उतावली हो आई। मेरा ध्यान अब उन दोनों की तरफ नहीं बल्कि एक अन्य दृश्य की तरफ आकर्षित हो चुका था। ताजमहल के एक छोर पर दो स्कूटर और एक बन्द थ्री-ह्वीलर ऑटोरिक्शा स्टार्ट खड़े थे। उन्हीं के पास खड़े चार हट्टे-कट्टे गुंडे किस्म के लड़के होटल के एक बैरे से बात कर रहे थे।

ज्यों ही हमने ताजमहल में कदम रखा और कबीर-कविता एकाकार हुए, वे सब के सब एकटक इन दोनों को देखा किए कुछ पल, ठीक उसी तरह जैसे कोई शिकारी शिकार के उड़नछू हो जाने पर देखता है।

यानी सही सोचा था मैंने। एक अनहोनी से दो-चार होते-होते रह गया कबीर। मैंने आगे बढ़कर कबीर को कमरे में जाने को कहा और स्वयं तब तक बाहर चहलकदमी करता रहा जब तक कि वे दोनों स्कूटर और वह थ्री-ह्वीलर वहाँ से रवाना नहीं हो गए।

जब मैं कमरे में पहुँचा, कविता कबीर से लिपट-लिपटकर रो रही थी और किसी दुर्घटना का विवरण भी देती जा रही थी। मुझे आया देख वह झट कबीर से अलग होकर पलंग पर जा बैठी।

"अब क्यों डर रही है। पगली, अब मैं आ तो गया हूँ। और देख, मेरे साथ शास्त्री जी भी आए हैं। और हाँ, ये तेरे धर्मभाई हैं।"

कविता अब भी रोए जा रही थी। कबीर का हिम्मत बंधाना, एक गैर आदमी का मौजूद होना, कोई भी कारण उसे रोने से नहीं रोक पा रहा था।

"देखिए शास्त्री जी, पता नहीं क्यों खामखाँ डरती है। हमने शादी की है, यह देखिए..." कबीर ने अपनी जेब से एक कागज निकालकर मेरे सामने रख दिया, "यह सर्टिफिकेट है हमारे पास मैरेज ऑफिस का। कविता, उम्र बीस बरस, कबीर सक्सेना, उम्र चौबीस बरस से...देखिए, देखिए।"

"इसे अपने पास सम्भालकर रखो कबीर। और सुनो, अपना सामान बाँधो, मैं अभी आता हूँ।" मैंने कहा और कमरे से बाहर आ गया।

इस बीच मैं दो निर्णय ले चुका था। पहला तो यह कि कविता को जी भरकर रोने का मौका दिया जाए और दूसरा यह कि अब ये लोग यहाँ एक दिन भी नहीं रहेंगे। मैं इन्हें अपने साथ अपने घर ले जाऊँगा और ये तब तक वहाँ रहने के लिए स्वतन्त्र हैं जब तक कबीर को कोई नौकरी नहीं मिल जाती। कविता को देखने के बाद से न जाने क्यों बार-बार मन में यह बात आ रही थी कि काश इस लड़की ने ऐसा न किया होता। यह मासूम चेहरा, यह किशोर वय, और यह महानगर, यह बेरोजगारी का आलम! मगर ऐसा सोचना अब व्यर्थ था।

होटल के रिसेप्शन से एक टैक्सी मंगा देने का अनुरोध कर मैं वापस कमरे में आया। इस बार फिर वे दोनों पहले वाली मुद्रा में थे, सामान ज्यों का त्यों बिखरा पड़ा था। मेरे पहुंचने पर वे अलहदा हुए, मगर सामान बांधने का उपक्रम तब भी नहीं किया।

"देखो कविता, यह रोना-धोना तो अभी कई दिनों-महीनों चलेगा। फिलहाल तो तुम अपना सामान बाँधो और यह मानकर मेरे घर चलो कि अपने बड़े भाई के घर जा रही हो। यह जगह न तो तुम लोगों के रहने लायक है और न हम लोगों के रहते तुम्हें यहाँ रहना ही चाहिए, मैंने टैक्सी लाने को कह दिया है, आती होगी।"

"क्या, टैक्सी? मैं अभी आया," मेरी बात पूरी होते-न-होते कबीर बोला और तुरंत कमरे से बाहर चला गया।

"लाओ कविता, सामान मुझे दो, मैं पैक करता हूँ, जल्दी काम निबटाओ ताकि जल्दी चल सकें क्योंकि तुम्हारी भाभी आजकल घर में नहीं हैं और खाना तुम्हीं को चलकर बनाना होगा," कविता का ध्यान बँटाने के लिए मैंने कुछ मजाकिया लहजे में कहा।

"क्या, खाना?" हँस दी कविता। मैंने देखा उसे। अरे! सचमुच बालसुलभ हँसी!

"भैया, मुझे खाना बनाना तो आता नहीं!" अपने विषय में अकल्पनीय जानकारी देकर फिर हँस दी कविता, निश्छल, निर्द्वंद्व हँसी।

"अरे, अभी तक सामान नहीं बाँधा," कबीर आकर बोला और स्वयं सामान समेटने लगा।

"कबीर, ओ कबीर," कबीर के काम करते हाथ रोककर बोली कविता।

"क्या है?"

"भैया कह रहे हैं, चलकर खाना बनाना, हा हा, हा, हा, हा,..." और कविता को हँसी का दौरा-सा पड़ गया।

"तो मिल गए यहाँ भी भैया?" कबीर ने चिढ़ाया।

कविता की हँसी एकाएक थम गई। चेहरे पर लज्जा और अभिमान का भाव लाकर बोली, "तो तुम्हें क्यों चिढ़ मच रही है।"

"साब! टैक्सी आ गई है। और यह आपका बिल जो आप रिसेप्शन पर छोड़ आए थे," बैरे ने आकर टैक्सी की सूचना दी, साथ ही एक पर्चा मेरे हाथ में थमाकर चला गया। बिल होटल में दो दिन ठहरने और प्रयाग ट्रंककॉल करने का था।

"प्रयाग में किसे फोन किया था?" मैंने यों ही पूछा।

"कविता के पिता जी को, यह बहुत डर रही थी न इसलिए बात करना चाहती थी," कबीर ने झिझकते हुए बताया।

"अच्छा!" मैंने इस प्रसंग को यहीं समाप्त करते हुए कहा। मेरी समझ में यह सारा प्रकरण आया ही नहीं। अभी-अभी कबीर ने मुझे बताया था कि वे यहाँ मुफ्त में रह रहे हैं, उससे पहले बताया था कि वे घर वालों से छिप-छिपाकर यहाँ आए हैं...फिर यह होटल का बिल, यह ट्रंककॉल...?

कविता हम दोनों और इस तमाम घटनाक्रम से बेखबर, सामान बाँधने में व्यस्त थी। मैंने एक बार फिर उसकी तरफ देखा। और देखकर यह यकीन करने को मन नहीं हुआ कि इसने इतना बड़ा कदम उठाया होगा।

कविता ने झूठ नहीं कहा था। उसे सचमुच खाना तो क्या चाय तक बनानी नहीं आती थी, मगर चाहती वह यह थी कि कबीर जितनी बार मांगे उतनी बार बढ़िया-सी चाय अपने हाथों बनाकर दे।

अगले चार-छह दिन में मैंने कविता को थोड़ा कच्चा-पक्का बनाना सिखा दिया। चाय भी वह बनाने लगी मगर वैसी नहीं जैसी कि हम उसके उत्साहवर्धन के लिए बताया करते थे। वे दोनों ही इन चार-छह दिन अपने आप में मस्त रहे। दिन के समय उन्हें एकांत देने के लिए मैं दफ्तर जाने लगा था और रात में भी मैं घर के बाहर सोता और वे दोनों भीतर, हालांकि उनके शोर-शराबे में मैं बाहर भी सो कहाँ पाता था और वे तो शायद सोते ही नहीं थे।

कई बार मुझे आश्चर्य होता कि इन्हें दीन-दुनिया की भी कोई फिक्र है या नहीं? इन कुछ दिनों में कबीर ने मुझे ऐसा कुछ भी तो नहीं बताया जो उसने भविष्य को लेकर सोचा हो। पहले कुछ दिन तो मैंने भी उस बारे में कुछ नहीं सोचा था।

मेरा अनुमान था कि नई-नई शादी हुई है इसलिए हर तरह की चिंताएँ छोड़कर नए जीवन का आनंद ले रहे हैं। तो बुरा क्या है? और यह भी तो हो सकता है कि दिन में कबीर कहीं काम ढूंढ़ने जाता हो, लेकिन वह कहीं नहीं जाता है इसकी पक्की खबर भी एक दिन मुझे मिल गई, और मिली भी एक और दुखद सूचना के साथ।

हमारे सहकर्मी का मकान बनना शुरू हो गया था। वे तो मेरे साथ दफ्तर चले जाते थे और मकान पर रह जाती थीं उनकी पत्नी। एक तरह से यह भी अच्छा ही था। इस बहाने कविता को भी संग-साथ मिल गया था। लेकिन ऐसा हुआ नहीं था। सहकर्मी की पत्नी ने बताया कि वे तो मेरे मकान में आती ही नहीं हैं।

"क्यों?"

"क्योंकि तुम्हारे घर के दरवाजे हर समय बंद रहते हैं। एक-दो दिन मैंने कई बार दरवाजे खटखटाए क्योंकि मेरा टिफिन अन्दर रखा था, मगर दरवाजे खुले ही नहीं और मुझे भूखा रहना पड़ा, इसीलिए मैं अब तुम्हारे घर नहीं जाती।"

"अरे! यह क्या सुन रहा हूँ मैं?"

"अरे छोड़ भी, तू भी क्या शिकायत ले बैठी। याद नहीं जब अपनी शादी हुई थी तो पूरे पन्द्रह दिन एक ही मकान में बन्द रहे थे हम, और संयोग से वह मकान हमारा नहीं हमारे एक मित्र का था, ऐसा ही जैसा यह शास्त्री का है," सहकर्मी ने टोका उन्हें।

"मैं शिकायत कहाँ कर रही हूँ। वो तो भैया ने पूछा इसलिए...और अब जमाना बदल गया है। वैसे दिन थोड़े ही रहे अब। फिर एक बात सोचो। इस कबीर के पास न कोई नौकरी, न ठौर-ठिकाना, फिर भी यह दिन भर बीवी के साथ पड़ा रहता है। कल को भाभी जी आ जाएँगी तब? तुम लोग कुछ कहते क्यों नहीं इसे? भैया की जगह मैं होती तो दूसरे दिन घर से बाहर खड़ा कर देती कि भैए तेरी बीवी की हिफाजत मैं करूँगी, तू जाकर काम ढूंढ, हाँ!"

गलत तो कुछ भी नहीं कहा था उन्होंने। आखिर कब तक ये नए-नवेले बने रहेंगे। मैं खुद भी यह नहीं समझ पा रहा था कि कबीर इतना निश्चिन्त क्यों है? कविता की बात अलग है, मगर कम-से-कम इस लड़के को तो चिन्ता होनी चाहिए। एक बार मन में तय किया कि आज ही कहूँगा उससे, मगर तुरन्त इस विचार को त्यागना पड़ा। क्या सोचेंगे भला वे दोनों? लाया तो इतनी शान के साथ था और चार ही दिन में टें बोल गया। फिर? नरेश से बात करूँगा कल। तय करके इस प्रसंग को आगे नहीं बढ़ाया मैंने...

नरेश ने मेरी बात का समर्थन तो नहीं ही किया, जिस प्रसंग को मैंने बमुश्किल रात भर के लिए टालने का निश्चय किया था उसे और कई दिनों तक टाले रहने का कारण और मेरे सामने रख दिया। उसने बताया कि कबीर और कविता यहाँ

आते ही सीधे अपने संपादक तारक जी के घर चले गए थे। चूँकि तारक जी इन दिनों विदेश यात्रा पर हैं इसलिए उनसे मुलाकात संभव नहीं हो सकी।

कबीर ने उनके घर पहुँचते ही तारक जी की पत्नी सुरजीत जी के चरण छुए और बताया कि हम प्रयाग से आए हैं, भटनागर जी ने भेजा है। सुरजीत जी ने इनका स्वागत किया। बैठक में बैठाया। कबीर ने घर पहुँचते ही उन्हें भटनागर जी का एक पत्र दिया जिसमें भटनागर जी ने तारक जी को लिखा था कि चिरंजीव कबीर मेरे बेटे के बेटे का मित्र है। उत्साही युवक है, तुम यदि इसे कोई काम दिला सको तो मेरे प्रति तुम्हारी गुरु-दक्षिणा ही होगी यह।

पत्र पढ़कर जब उन्होंने कबीर से कुछ बातचीत करनी चाही तो देखा कि वह वहाँ है ही नहीं। न केवल कबीर बल्कि उसकी पत्नी और सामान भी नहीं है। उन्हें काफी हैरानी हुई। वे सीढ़ियों पर जाकर उन्हें तलाशने लगीं कि कहीं चले तो नहीं गए? यह सही था कि एकदम अपरिचित युवक को देखने पर उनके मन में किसी तरह का उत्साह नहीं जागा था उनके स्वागत-सत्कार का, मगर लाख अपरिचित हों, जब घर आए हैं तो...

वे अपने प्रति शर्मिंदा हो रही थीं पर उन्हें मालूम ही नहीं था कि जिनके प्रति अपराध हो जाने का अपराध-बोध उन्हें सता रहा है वे दोनों के दोनों तो उनके शयनकक्ष में बंद हैं।

बहुत ही अजीब लगा उन्हें यह सुन कर। और यह बताया भी उनकी एक अन्य मेहमान ने जो दूसरे कमरे में ठहरी हुई थीं। जान न पहचान, दुआ न सलाम और आते ही...अजीब बेसब्रे...

तकरीबन तीन घंटे बाद जब शयनकक्ष के द्वार खुले तो सुरजीत जी ने बिना कोई सवाल-जवाब किए खुद आगे बढ़कर उनका सामान उठाया और घर के दरवाजे के बाहर रख दिया कि जहाँ सींग समाएं जाओ। अब इस घर में तुम्हारे लिए कोई जगह नहीं!

तब पहुँचे होंगे ये लोग ताजमहल!

मगर, कबीर ने तो मुझे यह प्रसंग बताया ही नहीं! क्यों छिपाई उसने यह बात अब तक? क्या जान-बूझकर? और कविता? मगर उससे तो अभी बातचीत करने का मौका ही कहाँ मिला? जितनी देर मैं घर में रहता हूँ अगर उस समय कविता मेरे साथ किसी काम में हाथ बँटाती है तो कबीर जाने-अनजाने, किसी-न-किसी बहाने हमारे आसपास मंडराता रहता है। इतना ही नहीं, पूरे समय कविता को अपनी बातों में उलझाए रहता है।

क्या इसीलिए कि उसे मुझसे बात करने का मौका न मिले? या इसलिए कि मैं इसके सिवा कुछ न जान सकूँ जो उसने मुझे बताया है? तो क्या कुछ ऐसा भी

है जो इसने मुझे नहीं बताया? और ऐसा भी जो मुझे मालूम नहीं होना चाहिए? क्या है वह?

अजीब स्थिति थी मेरी। मैं अपने ही घर में बेगानों जैसा हो चला था। कबीर पूरे समय इस तरह आदेश प्रसारित करता घूमता जैसे घर का मुखिया वही हो। और यह सब अभी काफी समय तक चलना था। यह तो तय था कि जब तक तारक जी विदेश से नहीं लौटते तब तक इस स्थिति में कोई परिवर्तन नहीं होने वाला। और उनके आते ही कबीर बारोजगार हो जाएगा इसकी क्या गारंटी है? हो सकता है इस बीच मेरी छुट्टियाँ ही समाप्त हो जाएँ। फिर मेरा उपन्यास?

अगले दिन मैंने कबीर को समझाया।

"मैं कैसे जा सकता हूँ कहीं शास्त्री जी?"

"क्यों?"

"कविता यहाँ अकेली..."

"तो चाँदी का चम्मच मुँह में लेकर पैदा होना चाहिए था तुम्हें," मैंने खीझकर कहा, "आखिर कब तक तुम उसकी रक्षा करोगे? एक-न-एक दिन तो तुम्हें कमाने निकलना ही पड़ेगा न?"

मेरा इरादा उसे शर्मिंदा करने का नहीं था, मगर जब देखा कि वह एकदम वाहियात वजह रख रहा है तो कहना पड़ा, "तुम क्या सोचते हो मेरे यहाँ जनम-जिंदगी रह पाओगे?"

"नहीं, वह बात नहीं। भाभी जी के आते ही स्थितियाँ बदल जाएँगी न।"

"अगर यह बात है तो, ऐसा करते हैं, मुझे एक उपन्यास लिखना भी है। कल से मैं घर में रहता हूँ और तुम काम ढूँढ़ने निकलो, ठीक है?" मैंने जान-बूझकर भटनागर जी वाले पत्र का जिक्र नहीं किया। सोचा कि जब यह नामाकूल मुझे कुछ नहीं बताना चाहता तो मैं ही क्यों यह बताऊँ कि मुझे मालूम है तुम्हारी भावी योजना।

इसके बाद कबीर चार-पाँच दिन घर से काम ढूँढ़ने निकलता रहा। पहले दिन जरूर वह दो-तीन बार बस-स्टॉप से लौटा—कभी कुछ भूल जाने का बहाना करके, कभी कुछ। मगर दूसरे दिन से मैंने खुद याद दिला-दिलाकर उसे सब सामान सहेजवाया। साथ में अपने कुछ मित्रों-परिचितों के पते भी दिए, जहाँ मुझे उम्मीद थी कि इसे कोई काम मिल सकता है। यह दुर्भाग्य ही था उसका कि उसे कहीं कोई आदमी मिलता ही नहीं था। लिहाजा वह बाकी पूरा-पूरा दिन हमारे दफ्तर में नरेश के सामने बैठा-बैठा काट दिया करता।

"तब तुम सीधे घर क्यों नहीं चले आते?" चौथे या पांचवें दिन मैंने उससे पूछा।

"आप खफ़ा न हों इसलिए," बहुत ही मायूसी से बोला कबीर।

"नहीं भाई, मेरा मतलब यह थोड़े ही था कि तुम खामखां इधर-उधर भटको, मैं तो केवल...खैर कल से तुम घर आ जाया करो।"

और अगले दिन सचमुच वह तीन बजे घर आ पहुँचा। जब वह घर पहुँचा, रोज की तरह कविता रसोई में पंखा लगाकर सो रही थी और मैं कमरे में बैठा अपना काम कर रहा था। कबीर आया और रोनी-सी सूरत बनाकर बैठ गया। मैंने कविता को आवाज देकर जगाया। कविता उसकी तीमारदारी में जुट गई। पिछले पाँच दिनों से मुरझाए उसके चेहरे पर आज अतिरिक्त आभा आ जुटी थी, बहुत लुभावना दृश्य था वह।

"लखनऊ वाले जीजा जी आए थे क्या यहाँ?" कबीर ने पूछा कविता से।

"वे यहाँ आए हुए हैं क्या?" घबराकर पूछा कविता ने।

"हाँ।"

'बाप रे! उनसे तो मुझे बहुत डर लगता है। बहुत रूखे, सख्त आदमी हैं," कविता ने कहा। और उसके चेहरे पर पसीना छलक आया।

"तुम इतनी घबरा क्यों रही हो कविता?"

"आप उन्हें नहीं जानते भैया, वे तो मुझे कच्चा ही चबा जाएँगे।"

"मगर वे यहाँ कैसे आ सकते हैं? उन्हें कैसे मालूम होगा कि तुम..."

"वे आपके दफ्तर में आए थे, कविता से मिलना चाहते थे इसलिए मैंने यहाँ का पता दे दिया।"

"तुम उन्हें साथ क्यों नहीं लेते आए?"

"मैं..." कहकर कबीर ने मुझे घूरा। उसकी निगाह में ऐसा भाव था गोया वह किसी अपराधी को देख रहा हो और आँखों ही आँखों में डपट रहा हो कि बोल फिर तो नहीं करेगा ऐसा?

इससे पहले कि मेरे अंदर बेवजह अपराध भाव जागे, मैंने पूछा, "हाँ क्या कह रहे थे तुम?"

क्षण भर को अचकचाया कबीर। फिर संभलकर बोला, "मैं उस आदमी की शक्ल तक नहीं देखना चाहता।"

"ऐसा क्यों बोलते हो मेरे जीजा जी को," कविता ने टोका।

"तुम जानती हो कविता, मुझे कतई पसंद नहीं ऐसा आदमी..."

"बस, बस, रहने दो। यह मत भूलो कि वह मेरे जीजा न होते तो तुम भी मेरे पति नहीं होते आज," और हँस दी खिलखिलाकर कविता।

मेरी समझ में उनका यह वार्तालाप भले ही नहीं आया, मगर मैं इतना जरूर जान गया कि इनके जो जीजा हैं वे कोई विचित्र जीव हैं और यह कबीर का बच्चा

यह सब जानते हुए भी उन्हें दंगल करने का निमंत्रण दे आया है।

जैसे ही उनके जीजा आए, मैं जान-बूझकर घर से बाहर चल दिया। जब चार घंटे इधर-उधर घूम-घामकर घर पहुंचा तो देखा कि जीजा महाशय तो वहीं बैठे हैं और कबीर नदारद है। कविता ने बताया कि कबीर तो ठीक मेरे जाते ही उठकर चला गया था और अब तक नहीं लौटा। कविता ने अपने जीजा जी से मेरा परिचय कराया। मैंने चाहा कि वे खाना खाकर जाएँ, वे तैयार नहीं हुए इसके लिए। तब मैं उन्हें बस-स्टॉप तक छोड़ने गया।

रास्ते में उन्होंने कविता को आश्रय देने के एवज में मेरा आभार प्रकट किया। अपना पता दिया लिखकर और साथ में यह गुजारिश की कि "हालाँकि मैं इस शादी से खुश नहीं हूँ, मगर जो हो गया सो हो गया। अब एक यही तो साली है मेरी और वह भी बहुत अजीज़। मैं स्टेशन के पास ही एक होटल में ठहरा हूँ। अगर हो सके तो कबीर को समझा-बुझाकर इन दोनों को कल होटल भेज दीजिएगा। मैं इन्हें वहीं खाना खिला दूँगा और बाजार से कोई उपहार खरीद दूँगा। मैं कबीर की शक्ल भी नहीं देखना चाहता था, आस्तीन का साँप निकला एहसानफरामोश। मगर एक शरीफ आदमी के घर में बैठकर मैं उसके साथ बदतमीजी करता, ऐसा सोचकर उसने मेरे प्रति अन्याय ही किया है।"

वे चले गए। वे जो भी थे, जैसे भी रहे हों, इतना तय था कि कबीर से ज्यादा सभ्य-सुसंस्कृत थे। मगर वे हमारे दफ्तर तक आए कैसे? यह रहस्य अभी भी नहीं सुलझा था।

अजीब मेहमान थे मेरे। कुछ भी तो पता नहीं था मुझे इनके बारे में। कौन हैं, क्या हैं, क्या होना चाहते हैं? संवाद की कोई स्थिति ही नहीं बन रही थी। आखिर ऐसे कब तक चलेगा?

एक और चीज जो मुझे बुरी तरह डिस्टर्ब कर रही थी, वह थी बरबादी। मुझे खाने की थाली में नमक तक छोड़ना गवारा नहीं था और इधर मैं देख रहा था कि लगातार पूरा का पूरा खाना खराब जा रहा है।

शुरू-शुरू में मैं यह सोचकर सब्र कर गया कि अभी कविता खाना बनाना सीख रही है। फिर सोचा बड़े घर की बेटी है। मगर कबीर! उसे तो सावधान रहना चाहिए था इस ओर। लेकिन नहीं, वह तो कविता से भी दो कदम आगे था। बल्कि वही शह देता था कविता को। पूरा खाना बन गया, अचानक कबीर साहब का मन उचट गया। नहीं खाना। अब! बाजार से डबल रोटी चली आ रही है।

खाना बने काफी देर हो गई। वे दोनों खुसुर-पुसुर, खुसुर-पुसुर करते रहे रसोई में। अब? कोई बात नहीं। दो मिनट में दोबारा बना लेते हैं। दोबारा भी बन गया। खाने बैठे, अचानक कविता जी को अम्मा याद आ गई। अब? चलो इसे भी फेंको,

दूध पिओ और सो जाओ। हाँ तो दूध! अरे! दूध कहाँ गया? ओह! सुबह से डिब्बे में पड़ा है कच्चे का कच्चा। चलो इसे भी फेंको।

उस दिन भी यही हुआ। खाना बना। जीजा जी तक के लिए बना। मगर खाया किसी ने नहीं। दोनों मुँह फेरकर जुदा-जुदा सो गए। मैं न कमरे में जाने लायक रहा, न कुछ सुनने-सुनाने लायक। यह स्थिति तो और भी असहनीय थी। मुझसे गुफ्तगू न करें मगर कम-से-कम अभी से इनके बीच तो बोलचाल बंद नहीं होनी चाहिए।

कौन थे ये जीजा? क्यों आए नाहक यहाँ? जब इन्हें इनसे इतनी जल्दी संबंध बना लेने थे तो शादी के बाद तमाम लोग मुँह क्यों फेर गए थे? न वे ऐसा करते, न इन्हें एक अजनबी के घर आना पड़ता। और अगर ये आ ही गए थे, उन्होंने संबंध विच्छेद कर ही लिया था तो कुछ दिन सब्र कर लेते। जाने कैसे-कैसे बेतरतीब सवाल उठ-बैठ रहे थे मेरे मन में। अजीब स्थिति थी मेरी।

जिस-तिस तरह अगली सुबह मैंने दोनों को रवाना किया ताकि वे जीजा जी का आतिथ्य पा सकें और मैं अपने घर में निश्चिंत होकर घूम-टहल सकूँ। एक तरह से अच्छा ही था यह भी। यदि वे स्वतः पुराने संबंध को नए सिरे से जीवित करना चाहते थे तो इसमें बुराई क्या थी। ये दोनों जो कर गुजरे थे उसे तो नहीं मेटा जा सकता था अब! हालांकि कबीर को यह शंका थी कि वे ऐसा कर सकते हैं, मगर मेरा उसकी इस शंका से जरा भी इत्तफाक नहीं था।

वे गए भी और लौट भी आए, मगर संबंध मृदु करके नहीं, और आए भी एक साथ नहीं। कबीर से काफी पहले कविता आ गई। उसे देखकर लगा जैसे कबीर की शंका बेतुकी नहीं थी। संभवतः जीजा जी इन दोनों के बीच एक स्थायी दरार कायम करने में कामयाब हो गए थे। घर पहुंचते ही कबीर ने झोला पटका और जाते-जाते बोला, "अब कभी अपने किसी रिश्तेदार का नाम भी न लेना मेरे सामने।"

कविता तभी से फूट-फूटकर रो रही थी जब से उसने घर में कदम रखा था। मुझे लगा यह रुदन एकदम अभी हाल में नहीं उपजा है उसके भीतर। शायद यह दिन भर का दबा-ढका रुदन है जो अवसर मिलते ही बाहर आ गया है। मैंने देर तक उसे रोते रहने दिया। सोचा, जब यह कुछ शांत हो जाएगी तब पूछूँगा वजह। मगर नहीं, वह चुप होने का नाम ही नहीं ले रही थी। एक तो उसकी आवाज यों भी तेज थी, ऊपर से यह विलाप। मोहल्ले के लोग सुनेंगे तो क्या कहेंगे? इस भय ने मुझे क्रियाशील कर दिया।

मैंने कविता को शांत करना चाहा। मगर मेरी सहानुभूति ने तो जैसे आग में घी का काम किया। वह और भी तड़प-तड़पकर रोने लगी। यह क्या हो गया

है इसे? मैं घबराया। दोनों हाथों में उसका चेहरा थाम उसे अपनी ओर देखने को वाध्य किया, "यह क्या हो रहा है कविता?"

"भैया..." लगभग गले के आखिरी सिरे तक का जोर लगाकर चीखी कविता और मुझसे चिपट गई। मैं और भी घबरा गया।

"भैया...यह क्या कर डाला मैंने," उसी स्वर और स्थिति में कविता ने अपना दर्द सुनाना चाहा मुझे।

"पहले चुप हो जाओ, फिर बताना। उससे पहले मैं कुछ नहीं सुनूँगा, समझीं," मैंने डाँटा।

कविता ने साहस बटोरकर अपने आपको संभाला, "बताने से पहले कुछ पूछ सकती हूँ भैया?" उसका स्वर अभी भी रुआँसा था।

"नहीं, हो सकता है मैं कोई अप्रिय सूचना दूँ। इसलिए पहले तुम अपनी बात बताओ। वरना अभी फिर रोने बैठ जाओगी।"

"रोना तो अब..." वह फिर बिसूरने लगी।

"कविता," मैंने डपटा।

"बात ही ऐसी है भैया, मैं आपको सब कुछ बताऊँगी। पहले आप यह बताइए कि आपके यहाँ चीफ-सब की पोस्ट खाली है?"

"नहीं तो।"

"क्या चीफ-सब के लिए इंटरव्यू हुआ था पिछले महीने?"

"बताया न, जब जगह ही नहीं तो...हमारे यहाँ तो यह हालत है कि स्टाफ की छंटनी हो रही है...मगर तुम यह सब क्यों पूछ रही हो?"

"बताती हूँ। मैं आपको सब कुछ बताती हूँ भैया, तब आप खुद ही समझ जाएँगे कि अब रोना तो..." और वह फिर फफक पड़ी।

"फिर वही रोना, मैं वादा करता हूँ कविता कि बुरी से बुरी खबर, बुरे से बुरे लांछन के बाद भी मैं तुझे सहारा देने को तैयार रहूँगा। अरी पगली, तुझे नहीं पता, पहली ही नजर में तुझे देखकर जाने क्यों मुझे ऐसा लगा था कि मैं अपनी छोटी बहन संतू को देख रहा हूँ, माँग में सिंदूर भरे। अभी पिछले ही दिनों तो हमने धूमधाम से शादी करके उसे विदा किया है अपने घर से, और तुझे देखकर लगा जैसे वही ससुराल से आई है पहली-पहली बार..."

मैं और भी बहुत कुछ कहना चाहता था कविता से...इतने दिनों से दबाए बैठा था अपनी भावनाओं को, जाने कैसे हालात हुए कि जिस खुशी के लिए, जो सौभाग्य पाने के लिए मैं इन्हें यहाँ लाया था उसे महसूस ही नहीं कर पाया।

"आप तो खुद ही रोने लगे भैया," कविता ने कातर दृष्टि से मेरी तरफ देखा।

"नहीं, वह तो संतू का ख्याल आ गया था। खैर, तुम बताओ जो बताने जा रही थी।"

मैं शुरू से बताती हूँ आपको।

भैया, आपको यह तो मालूम है कि हम प्रयाग के हैं। कबीर की अम्मा को इसके पिता ने बीस बरस पहले ही छोड़ दिया था। तब से वह अपने मायके में यानी हमारे पड़ोस में रहती हैं। इसीलिए निरे बचपन से मैं कबीर को जानती-देखती रही हूँ। इनके घर की हालत ठीक नहीं है, केवल एक मामा हैं जो कहीं विदेश में रहते हैं, वे ही इनकी नानी और अम्मा को खर्चा भेजते हैं। हमारा परिवार बहुत बड़ा है। कई दुकानें हैं हमारी, बर्तनों की फैक्टरी भी है। कबीर का हमारे घर आना-जाना था। सब लोग इससे अपने काम करवाते रहते थे और इसका मजाक भी बनाते रहते थे। बचपन में तो मुझे इसका किसी के काम से दौड़-दौड़ जाना बुरा नहीं लगता था बल्कि मैं भी अपने काम करवाती थी और खूब सताती भी थी। यह एक तो सीधा था ही, ऊपर से गरीब घर का, सो चुपचाप सब सह लेता और काम भी कर देता। मगर जब मैं थोड़ी बड़ी हुई तो मुझे इसका यह दोहरा शोषण अखरने लगा। तब घर में जब भी कोई इससे काम करवाता तो मैं बुरा मान जाती और काम करवाने वाला अगर पीछे-पीछे इसका मजाक उड़ाता तो मैं लड़ ही पड़ती थी उससे। घर के सब लोग मेरी इस तरफदारी पर हैरान होते थे। मुझे खुद भी नहीं पता कि मैं ऐसा क्यों करती थी।

हालत यह हो गई धीरे-धीरे कि लोग मुझे खिझाने के लिए इसे परेशान करने लगे। कबीर भी इस बीच जानने लगा था कि मैं उसके लिए दूसरों से लड़ती हूँ सो यह खोज-खोजकर मेरे काम करने लगा। दूसरों को टालने लगा। मगर जब मैंने देखा कि मेरे कहने पर इसने दूसरों के भी वे काम कर दिए जिन्हें यह टाल चुका था तो मुझमें कबीर के प्रति एकाधिकार की भावना जागने लगी। बस, फिर क्या था, मैं हरदम इस कोशिश में रहती कि यह केवल मेरे कामों में व्यस्त रहे। मैं घंटों अपनी छत पर खड़ी-खड़ी इसके आने का इन्तजार करती, कभी कपड़े सुखाने, तो कभी बाल सुखाने के बहाने जाती और जैसे ही यह घर में आता, मैं फौरन तलब करती। इसके आने पर जब मुझे कोई काम नहीं सूझता तो मैं कहती कि मुझे पढ़ाओ। बस, यह आज्ञाकारी बच्चे की तरह मुझे पढ़ाने बैठ जाता और मैं इसे टुकुर-टुकुर देखा करती।

जाने कब, कैसे इस संग-साथ ने मेरे भीतर चाहत का रूप ले लिया। ठीक उन्हीं दिनों में मालूम हुआ कि मेरी बड़ी बहन किसी लड़के से प्यार करती है। जैसे ही अम्मा और बाबू जी को यह मालूम हुआ उन्होंने बहन की शादी इन लखनऊ वाले जीजा जी से कर दी। कहीं हमारे बारे में भी सबको पता न चल जाए इसलिए

मैंने कबीर से कहा कि वह कुछ समय के लिए शहर से बाहर चला जाए, खर्च मैं दूँगी। यह मान गया और इसने लखनऊ वाले जीजा जी के पास रहना शुरू कर दिया। वहीं जर्नलिज्म का कोर्स करने लगा।

दो साल बाद यह वापस प्रयाग आया। इस बीच इसकी दोस्ती भटनागर जी के पौत्र से हो गई थी। पढ़ने-लिखने का शौक तो इसे था ही। मुझे भी यह कई किताबें लाकर देता रहता था। उन्हीं के जरिए रेडियो-दूरदर्शन, नाटक वगैरह के लोगों से इसका परिचय हुआ। यह प्रयाग आकर उन्हीं में व्यस्त हो गया।

तभी एक बार यह भटनागर जी के साथ आप लोगों के समारोह के समय यहाँ आया। कुछ दिन बाद इसने मुझे बताया कि भटनागर जी ने आपके तारक जी से इसकी नौकरी के लिए कहा था और अब इसे चीफ-सब की पोस्ट के लिए इण्टरव्यू पर बुलाया है। मैंने इसे आने-जाने के लिए पैसे दिए। यहाँ से लौटकर इसने मुझे बताया कि नौकरी मिल गई है और मुझे जल्दी ही ड्यूटी पर जाना है। मेरे लिए यह खुशी की बात थी। मगर इसी के साथ इसने मुझे एक बुरी खबर भी दी। इसने बताया कि तारक जी ने इसे अपने एक प्रोफेसर दोस्त से मिलवाया था। उनकी एक लड़की है शादी के योग्य। मगर मैं तुम्हें दिलोजान से चाहता हूँ। अब उससे बचने का एक ही रास्ता है कि यदि तुम राजी होओ तो हम-तुम कोर्ट मैरिज कर लें और यदि नहीं तो तुम अपने जीजा जैसे किसी रूखे आदमी के चाभियों के गुच्छे संभालने के लिए स्वतंत्र हो और मैं उस प्रोफेसर की लड़की से शादी करने के लिए।

यह सुनते ही मेरे भीतर ईर्ष्या, स्पर्धा और अधिकार की भावना जाग उठी और मैंने तुरंत हाँ भर दी। हमारे इस कदम से हमारे घर वाले बेहद नाराज हुए। हमें उनके कोप से बचने के लिए भटनागर जी के घर शरण लेनी पड़ी। भटनागर जी पहले तो खफा हुए। उन्होंने यही कहा कि हमने ठीक नहीं किया है। घर वालों से एक बार पूछकर तो देखते, मगर फिर भी आश्रय तो दिया ही। उन्होंने ही मेरे अम्मा-बाबू जी को खबर दी। अम्मा तो यह सुनकर बेहोश ही हो गई। अलबत्ता बाबू जी भटनागर जी के यहाँ आए। बहुत बुरा-भला कहा उन्होंने। भटनागर जी ने काफी समझाया मगर वे एक ही रट लगाए रहे कि आप विद्वान आदमी हैं, जो कह रहे हैं सो ठीक ही कह रहे होंगे, मगर मैं यह कैसे स्वीकार लूँ कि मेरी बिटिया कुएँ में नहीं कूदी जबकि मैं उसे कुएँ में पड़ा देख रहा हूँ।

बाबूजी भटनागर जी के काफी समझाने पर शांत हो गए। तब उन्होंने प्रस्ताव रखा कि बेटी को हमारे घर भेज दो। हम पहले कबीर को किसी व्यवसाय में डालेंगे, फिर कविता की शादी इसी के साथ गाजे-बाजे के साथ कर देंगे। इस तरह समाज में हमारी इज्जत भी बनी रहेगी और हमारी बिटिया भी राजी-खुशी रहेगी। मेरा तो बहुत मन किया कि बाबू जी की बात मान जाऊँ। सचमुच कितने लाड़-प्यार से

पाला था उन्होंने मुझे। सब भाई-बहनों में मैं सबसे छोटी थी। सभी की तो लाड़ली थी मैं। तभी कबीर ने मुझे समझाया कि यह सब इनकी चाल है। इसीलिए जब भटनागर जी ने कहा कि इस बारे में वे कोई निर्णय न लेकर हम पर छोड़ते हैं तो मैंने साफ मना कर दिया।

दूसरे दिन मैं घर गई, अम्मा-बाबू जी का आशीर्वाद लेकर यहाँ आने और उन्हें यह खुशखबरी सुनाने के लिए कि कबीर अब बेरोजगार नहीं है। घर की हालत देखकर मैं सन्न रह गई। अम्मा-बाबू जी ने मुझसे बात तक नहीं की, भैया ने दुत्कार दिया और भाभी-चाची ने तो अपने कमरे के दरवाजे ही बंद कर लिए। चाचा पहले ही दरवाजे पर जा डटे थे ताकि कबीर घर में कदम न रख सके। उस दिन कोई अनहोनी होने से सिर्फ इसलिए टल गई क्योंकि घर में अम्मा की हालत ठीक नहीं थी और बाहर पूरा मोहल्ला खड़ा था।

अगले दिन शाम आठ बजे हम यहाँ पहुँचे। सीधे आपके तारक जी के घर गए। भटनागर जी ने यही निर्देष दिया था हमें। एक पत्र भी दिया था उन्होंने। आपको शायद मालूम हो, कभी आपके तारक जी...

"हाँ, और उसके बाद होटल और होटल से मेरे घर तक का किस्सा मुझे मालूम है।"

"क्या?" क्षण भर को निहारा कविता ने मेरी तरफ, मगर मुझे बाहरी आँखें बंद और भीतरी आँखें फाड़े मौन बैठा पाया तो फिर बताने लगी...

यहाँ पहुँचने के बाद कल तक तो सब ठीकठाक चल रहा था। मैं यही समझ रही थी कि कबीर काम पर जाता है। आपसे कब क्या बात हुई उसकी, मुझे तो पता नहीं। यहाँ-वहाँ से आते ही कबीर मुझे रसोई में भेज देता था और जब तक मैं लौटती, आप लोग बातचीत बन्द कर चुके होते थे। एकांत में आपसे कोई बात मैं न करूँ यह हिदायत कबीर ने मुझे बहुत पहले दे दी थी। उसका कहना था कि चूँकि वह आपका बॉस है इसीलिए आप, नरेश जी और बाकी सब लोग उसका ख्याल रख रहे हो इतना, वरना तो...और मुझे भी आप लोगों से एक खास दूरी बनाए रखनी चाहिए।

मैं तो यही सच माने बैठी थी अब तक। वह तो कल जीजा जी के आने पर भेद खुला। जीजा जी ने बताया कि वे कल दो बार आपके दफ्तर गए थे। सुबह एक चपरासी से मिले। वह कबीर के बारे में कोई ठीक-ठीक जानकारी नहीं दे पाया। इसीलिए दोबारा गए। तब कबीर से मुलाकात हो गई। वहाँ इसने ठीक से बातचीत नहीं की इसीलिए वे यहाँ चले आए। उन्होंने कल मुझे कुछ नहीं बताया चूँकि कबीर यहाँ से उठकर चला गया था। आज जब हम वहाँ पहुँचे तो उन्होंने कबीर से पूछा,

'तुम वहीं नौकरी करते हो न?'

कबीर बोला, 'हाँ।'

'मगर चपरासी तो बता रहा था कि नहीं करते?'

'उसे पता नहीं।'

'और शास्त्री जी को?'

'उन्हें भी नहीं मालूम, वे तो छुट्टी पर चल रहे हैं।'

'तुम्हारा नियुक्ति पत्र कहाँ है, जरा दिखाना तो ?' अचानक जीजा जी ने बात को मोड़ा।

कबीर चौंका क्षण भर को, 'वह तो वकील के पास है,' उसने एक नई सूचना दी।

'वकील के पास? क्यों?'

'दरअसल ये लोग अब मुझे नौकरी पर रखने को तैयार नहीं हैं।'

'क्या बकते हो, कोई मजाक है क्या है?''

यही तो मैं कहता हूँ।'

'फिर? क्या कहता है वकील?'

'फिर क्या, तारक जी हैं नहीं, इसलिए वकील ने कहा कि कुछ दिन ठहरो।'

'और तुम ठहर गए?'

'हाँ, वरना वे क्या कहेंगे आकर।'

'जब तारक जी का इतना ही लिहाज था तो वकील के पास गए ही क्यों। क्या तारक जी के अलावा उस कंपनी में और कोई जवाबदेह नहीं है?'

'हैं, उन्होंने बदतमीजी की तभी तो वकील के पास गया था।'

'अच्छा! वैसे बाबू कबीरदास जी, इस झूठ को आप और कितना बुन सकते हैं, जरा यह भी बता दीजिए।'

'मैं झूठ कह रहा हूँ। यानी।'

'नहीं, आप तो सत्यवादी हरिश्चंदर की औलाद हैं, तभी तो...खैर, चलिए मुझे उस वकील से मिलवाइए, भाड़ में गए वे तारक जी और यह कंपनी, मुझे नियुक्ति पत्र दो, मैं दूसरे वकील से मिलता हूँ और इस कंपनी की ईंट से ईंट न बजवा दूँ तो मेरा नाम सौमित्र नहीं, चाहे मेरा घर-दुकान सब क्यों न बिक जाए, चलो उठो!'

जीजा जी ने इतने ताव में कहा कि कबीर से बिना उठे नहीं रहा गया। जीजा जी जानते थे कि यह सब झूठ है मगर उन्होंने कबीर को अपने मन की करने दी। कबीर हमें एक बड़ी-सी बिल्डिंग में ले गया। हमें बाहर छोड़कर भीतर गया और थोड़ी देर बाद वापस आकर बोला कि वकील अभी नहीं है।

'तुम यहीं ठहरो, मैं देखकर आता हूँ,' कहकर जीजा जी भीतर गए। और

जब तक वे लौटे, कबीर मुझे वहीं छोड़कर चलता बना। जीजा जी ने ाकर मुझे काफी समझाया। इस प्रसंग के बारे में तो खैर कहते क्या। उन्होंने कहा कि मैं चाहूँ तो वापस चलूँ। जब मैं तैयार नहीं हुई तब उन्होंने कहा कि हालाँकि तुम्हारा हक तो नहीं बनता मगर शास्त्री जी मुझे नेक आदमी लगे। उनसे कहना वे ही कुछ करें। वे तो हम लोगों की वजह से इतने शर्मिंदा हैं आपके प्रति कि मुझे कॉलोनी के बाहर तक छोड़कर चले गए। भैया, मैं जानती हूँ जो हुआ ठीक नहीं हुआ, आपके प्रति जाने कितने अपराध हुए हमसे, मगर अब आप ही...' और साहस बटोरकर रोका गया रुदन फिर फूट पड़ा।

कितना भला आदमी हूँ मैं! वाह री भलमनसाहत। दिखा ही दूँ आज भलमनसाहत। मगर हैं कहाँ कबीरदास जी इस समय? ओह, माफ करना भाई, चीफ-सब! हमारे इमीजिएट बॉस।

किस बात को लेकर हम इतने खुश थे अब तक? किसलिए मदद करना चाहते थे इसकी? क्या सिर्फ इसलिए कि इसने अंतरजातीय, रूढ़िहीन प्रेम विवाह किया था? तो क्या बहुत अच्छा काम किया था यह? क्या अब भी यह सोचने पर मैं दकियानूस ही समझा जाऊँगा कि कविता ने भूल की? आखिर कबीर का इरादा क्या है? क्या योजना है इसकी?

अगले दिन मैं कबीर को अपने एक मित्र के पास ले गया। बहुत सोचने पर यही एक उपाय सूझा था मुझे कि घर बुलाई इस मुसीबत से छुटकारा पाना ऐसे ही संभव है कि इसे कोई नौकरी दिलवा दूँ। इसी में हम सबकी भलाई थी। हाँ, उसकी भलाई भी तो सोचनी थी जिसे संतू के समकक्ष मान बैठा था।

मगर वहाँ काम नहीं बना। नौकरी तो नहीं ही मिली, मुझे शर्मिंदा होना पड़ा सो अलग।

मित्र ने सहज भाव से लिया हमें। तुरंत कबीर को संपादक से मिलवाया। उन्होंने प्रार्थनापत्र लिखने को कहा। कबीर ने लिखा। अपनी योग्यताओं के परिचय में उत्तीर्ण की गई परीक्षाओं का विवरण दिया तो मालूम हुआ कि साहब तृतीय श्रेणी में इंटर और द्वितीय श्रेणी में बी. ए. पास हैं। खैर श्रेणी तो जो भी थी वह अब क्या सुधरती, संपादक का ध्यान गया द्वितीय और तृतीय पर।

"आप तो शुद्ध हिन्दी तक लिखना नहीं जानते, और कहते हैं कि भटनागर जी के पास काम करते थे?" संपादक ने अविश्वास प्रकट किया।

"हिंदी तो जानता हूँ अच्छी तरह," कबीर ने दावा किया।

"तभी द्वितीय और तृतीय में ह्रस्व इ की मात्रा लगाई है?"

"तो ठीक तो है, नहीं है क्या?" प्रतिप्रश्न किया कबीर ने।

"आप क्या ठीक समझते हैं इसे?"

"भटनागर जी तो ऐसे ही लिखते हैं।"

"क्या?" एकाएक संपादक का पारा चढ़ गया, 'शर्म नहीं आती आपको? अपनी कमजोरी के लिए भटनागर जी को बदनाम करते हो। निकल जाओ यहाँ से।"

संपादक की डांट खाकर कबीरदास बाहर आ गए। उनका उतरा हुआ चेहरा देखकर मैं समझ गया काम नहीं बना।

तभी संपादक ने मेरे मित्र उप संपादक को बुलाकर डपटा। उन्होंने अपने सिर से बला टालने को मेरा संदर्भ दे दिया और तब मुझे उपस्थित होना पड़ा उनके सामने।

पूरा प्रसंग सुनाने के बाद उन्होंने यह कहकर शर्मिंदा किया कि क्या ऐसे ही अयोग्य आदमियों को आप हमारे पत्र के योग्य समझते हैं।

मैंने कहने को कहा, "हो सकता है भटनागर जी ऐसा लिखवाते हों, वे दरअसल मूलतः गुजराती हैं न, मगर इसका मतलब यह तो नहीं कि हमें शुद्ध-अशुद्ध का ज्ञान हो ही नहीं।"

"आपकी दोनों बातों से मैं इत्तफाक करता हूँ। हो सकता है, लेकिन यह बन्दा तो गुजराती नहीं है न। और अगर है तो फिर जाए गुजरात, यहाँ क्या लेने आया है?"

गुजरात में कोई मुझ-सा शास्त्री कहाँ—सोचा मैंने, कहा नहीं।

"तुम कहाँ तक पढ़ी हो कविता?" घर आकर मैंने कविता से पूछा था। पूछा तो यों ही था ताकि उसे मूल प्रसंग में बातचीत करने का मौका न मिले मगर यह प्रसंग तो उससे भी ज्यादा कड़वाहट दे गया।

"मैं एम. ए. कर रही थी भैया, इतिहास में।"

"क्या अभी भी पढ़ रही थीं?"

"हाँ, यूनिवर्सिटी जाने के बहाने ही तो कबीर से मिल पाती थी," कहकर लजा गई कविता। उसके पूरे चेहरे पर रक्तिम आभा बिखर गई। कल का कहा सब कुछ भूल-बिसरा गई वह प्रेम में डूबी किशोरी।

"अब भी पढ़ना चाहती हो क्या?"

"हाँ, चाहती तो हूँ," कहकर कविता ने सशंक दृष्टि से देखा कबीर को। कबीर भी मन-ही-मन मुस्कराया और शरारतन देखा कविता को।

"मगर कबीर तो मना करता है।"

"करेगा ही। तब तुम इससे ज्यादा पढ़ी-लिखी जो हो जाओगी। इसे बुरा नहीं

लगेगा भला? लाख प्रेम विवाह किया हो, है तो हमारे जैसा भारतीय ही न?" कबीर का नाम बीच में आते ही जाने मेरी जिह्वा पर क्यों सरस्वती आ बिराजीं।

"इन्हें क्यों बुरा लगेगा। इन्होंने तो पत्रकारिता का डिप्लोमा भी किया हुआ है।"

पत्रकारिता का डिप्लोमा? कहाँ? हाँ, याद आया, कविता ने बताया था। उसी ने भेजा था इसे इस काम के लिए लखनऊ। फिर इसने...

"फिर तुमने अपने आवेदनपत्र में इस डिप्लोमा का जिक्र क्यों नहीं किया था?" कबीर से पूछा मैंने।

"मेरे पास अभी सर्टीफिकेट नहीं है।"

"सर्टीफिकेट नहीं है या किया ही नहीं कोर्स?"

"आप ऐसा कैसे कह सकते हैं?"

"खैर, तब भी तुम जिक्र तो कर सकते थे। क्या रोल नम्बर था तुम्हारा मुझे बताओ, मैं कल ही सर्टीफिकेट मँगाता हूँ।"

"मिलेगा ही नहीं," रहस्यमय सूरत बनाकर बोला कबीर।

"क्यों?"

"क्योंकि उस परीक्षा को निरस्त कर दिया गया था बाद में।"

"कब? कौन से सन् की बात है यह? मैंने तो कभी नहीं सुना। न किसी अखबार में ही पढ़ा?"

"मगर तुम तो मुझे बता रहे थे कि तुम पास हो गए हो?" कविता ने कबीर को झकझोरा।

"वह तो ऐसे ही..."

"तो ऐसे ही जरा यह भी बता दो कबीर कि क्या तुमने बी. ए. भी किया है?" खीझकर बोली कविता।

"कविता, यह तुम्हें क्या हो गया है? क्या मुझ पर विश्वास नहीं?"

"विश्वास? तुम चाहते हो अब भी..."

"हाँ, अब क्यों होगा। अब तो शास्त्री जी..."

"कबीर!" मेरा खून खौल उठा एकाएक।

"अरे! आप तो नाराज हो गए, मैं तो मजाक कर रहा था। क्या मजाक का भी हक्र नहीं होता बहनोई..."

"कबीर! खबरदार जो आगे एक भी शब्द बोला!" मेरे तेवर चढ़े देख कबीर का चेहरा एकदम फक्र पड़ गया।

यह क्या हो रहा है? इतना कमजोर, इतना दकियानूस कब से हो गया मैं? क्या बहन को अपमानित होते देखना, खुद भी अपमान का घूँट पी जाना, यही

नियति है भाइयों की? क्यों? बहन का कौन सा सुख छिन जाएगा यदि वे ऐसा न करें तो?

यह तो गजब ही हो गया। कल जिसे सहारा दिया आज वह उसे अपना हक मान बैठा है। उंगली पकड़ाई तो हाथ पकड़कर जमीन पर दे पटकना चाहता है! नहीं, अब नहीं, बस, बहुत हो गया। अब ये जानें, इनका काम जाने। अगर मैं न मिलता तब भी तो ये कुछ-न-कुछ करते। किसी-न-किसी तरह गुजारा होता ही इनका। हो सकता है ज्यादा सुख से रहते, हो सकता है तब ये रहस्य खुलते ही नहीं। तो क्या मैंने इनके संबंधों में जहर घोला है? घोला न सही, तरी में बैठे जहर को हाथ डाल हिलाया तो जरूर है।

तो क्या हुआ, वह तो एक-न-एक दिन हिलता ही। खैर, अब इसे शांत भी मुझे ही करना होगा। कैसे भी जल को स्थिर कर पाऊँ तभी यह तरी में जाकर बैठेगा।

संयोग से अगले दिन मैं जिस संस्थान में कबीर को ले गया वहाँ उसे जाते ही नौकरी मिल गई। उसी शाम उन्हें अपनी ही कॉलोनी में एक कमरा दिलाकर उनका सामान भी पहुँचा दिया। एक तरह से मुक्त हुआ उनसे।

मगर सच कहूँ, इतने सबके बावजूद पूरी तर मुक्ति नहीं चाहता था मैं। मन में एक भय, एक चिंता बैठ गई थी कि न जाने क्या बीते कविता पर। कम-से-कम समय रहते उसे संभाल सकूँगा, सहारा दे सकूँगा, इसीलिए अपने आसपास ही मकान दिलवाया था।

क्यों इतना चिंतित था मैं उसे लेकर, आज तक ठीक-ठीक समझ नहीं पाया हूँ। क्या इसलिए कि वह मेरी बिरादरी की थी? क्या इसलिए कि वह मुझसे उम्र में बहुत छोटी थी? क्या इसलिए कि मैं चाह कर भी अपनी बहन की परवरिश, उसकी शादी अपने मन-मुताबिक नहीं कर पाया था? या इसलिए कि मैं अपनी पत्नी की निगाह में कुछ अतिरिक्त मान भर देना चाहता था। उसे मेरा किसी भी असहाय, जरूरतमंद के प्रति द्रवित हो जाना, सहयोग के लिए आगे आना बहुत-बहुत खुशी देता था, ऐसा तब-तब मैंने लक्ष्य किया था, जब-जब मैं किसी अकेले पढ़ाकू को पंखा या मेज या कुर्सी या फीस दे देता था। या किसी को महीनों के लिए घर में रख लेता था। या किसी की नौकरी के लिए दौड़-भाग करने लगता था। या ऐसा ही कोई वह काम जो खरीदी हुई मुसीबत कहलाता है। सामाजिक लोगों के बीच, दूसरों के फटे में पाँव डालना लेखा जाता है।

तीसरे दिन मैं उनके नए घर में गया। कविता पिछली शाम बहुत आग्रह कर गई

थी कि जब तक भाभी नहीं आतीं, आप हमारे घर ही खाना खाया करो। मुझे वह व्यवस्था मंजूर नहीं थी। शाम को उसी समय तो मैं मना नहीं कर सका था मगर आज सोचा कि मना कर ही आऊँ।

मैं जब पहुँचा, कबीर नंग-धड़ंग-सा गले में बेर की गुठलियों की माला डाले पूजा कर रहा था। देखकर बहुत हैरानी हुई। मेरे हिसाब से इसे अब तक दफ्तर के लिए निकल जाना चाहिए था। और यह ढोंग कब से? कल तक तो घोर सुधारवादी था। केवल कबीर ही नहीं, पूरा घर बदला-बदला-सा, भरा-भरा दीख रहा था। कल तक कहाँ छिपा रखा था इन्होंने यह सामान?

कबीर पूजा से उठते ही कपड़े पहन भाग खड़ा हुआ। मैंने भी वापस आना चाहा मगर कविता ने रोक लिया। बोली, "इस तरह तो आपको न जाने दूंगी भैया। और अगर कल से न आने की बात कही तो दोनों टाइम घर खाना लेकर जा पहुँचूँगी। सोच लो। तब भी तो कबीर के दर्शन होंगे।" कह कर हँस दी कविता। हँसती रही देर तक। तब तक, जब तक उसे यह विश्वास नहीं हो गया कि कमरे में व्याप्त गंभीरता का कुहासा छंट गया है।

पूरे कृतार्थ भाव से खाना परोसा मेरे लिए। अपने सामने बैठाकर खिलाया। उसकी वह मातुल मुखमुद्रा क्या कभी भुला पाऊँगा मैं? उस एक ही भंगिमा ने लगा पिछले सब गिले-शिकवे भुला दिए...खाना परोसते समय बताया कविता ने कि जाते-जाते जीजा जी चार हजार रुपये दे गए थे, यह सामान उसी पैसे से खरीदा है।

अगले कई दिनों तक मैं बराबर उनके घर जाता रहा। मगर फिर उन्होंने अचानक मकान बदल लिया। जिस मकान में वे अब रहने गए वह हमारे घर से काफी दूर भी था, सो दूरी की आड़ लेकर मैंने जाना बंद कर दिया। फिर कुछ दिनों बाद मालूम हुआ कि वे दोनों बाहर गए हैं।

इधर इस बीच मेरी पत्नी वापस आ गईं। मैं पत्र में उन्हें तमाम बातें लिखता रहा था। आते ही उन्होंने कविता से मिलने की इच्छा जाहिर की, मगर वे थे ही नहीं तो मिलवाता कहाँ से?

और जब वे लौटकर आए तो मिलने के हालात ही नहीं रहे।

एक दिन कबीर शाम को मेरे घर आया और बोला कि आपके घर में से हमारे दो हजार रुपये गुम हो गए हैं। मैं हैरान। मेरे घर में रहते दिनों तो इसके पास इतनी रकम थी ही नहीं, फिर गुम कहाँ से हो गई? उसने यह भी बताया कि वे रुपये कविता की एक सलवार के इजारबंद वाले हिस्से में रखे थे। मैंने उसे समझाया कि अव्वल तो रुपये तुम्हारे पास थे नहीं, अगर थे भी तो दो हजार रुपए किसी सलवार के इजारबंद वाले हिस्से में समा सकते हैं यह मैं नहीं मानता, और अगर ऐसा हुआ भी हो तो रुपए मेरे यहाँ नहीं खोए होंगे यह तय है। इसलिए

तुम्हारा यहाँ आना व्यर्थ गया और अगर तुम्हें यह तोहमत लगानी ही थी तो कम-से-कम बहाना तो अच्छा-सा गढ़ते। अब तुम दफा हो जाओ और यह मनहूस शक्ल फिर कभी मत दिखाना।

कबीर अपना-सा मुँह लिए चला गया, मगर मुझे कई दिनों के लिए दुखी कर गया। यह हो क्या रहा है? गये थे भला करने जूते गले पड़े। उसके पास कब इतनी रकम आई मैं जानता था, मगर उस सच्चाई को उद्घाटित करने का मतलब था कविता का अहित।

और सचमुच फिर कबीर ने मुँह नहीं दिखाया काफी समय तक। पत्नी ने कई बार आग्रह किया मगर कविता को भी घर नहीं बुला पाया मैं।

कविता के दर्शन हुए फिर लगभग एक महीने बाद।

उस शाम अभी मैं दफ्तर से लौटा ही था कि कविता दौड़ी-दौड़ी हमारे घर आई। अभी वह मुझसे बातचीत शुरू भी नहीं कर पाई थी कि पत्नी ने उसे आड़े हाथों ले लिया, "आप कौन?"

"मैं आपकी ननद हूँ भाभी," हँसकर बोली कविता।

"ननद या सौतन?" पत्नी ने गुस्से से पूछा।

"क्या कह रही हो भाभी? भैया मेरे सगे भाई जैसे हैं।"

"मैं कैसे मान लूँ? सगे भाई हैं तभी इतने दिन बाद मुझसे मिलने आई हो। इधर मैं पूरे मुहल्ले से सुन-सुनकर थक गई कि तुम्हारी जो ननद यहाँ रहती थी वह अब क्यों नहीं आती? बोलो, क्या जवाब दूँ उन्हें? जिसे मैं जानती नहीं, पहचानती नहीं, जिससे मेरा कोई वास्ता नहीं, उसके चलते लोगों के शक का कारण बन रही हूँ। क्या तुमने एक बार भी नहीं सोचा कि मेरे दिल पर क्या बीत रही होगी? मैं कैसे मान लूँ कि एक बहन केवल इसलिए अपने भाई के घर नहीं आती क्योंकि अब भाभी घर में आ गई है? वह तो गनीमत है कि मुझे अपने पति पर भरोसा है वरना तुमने तो उपकार के बदले हमारे घर को तबाह करने में कोई कसर नहीं छोड़ी थी। और अब भी आई हो तो किसी मतलब से ही आई होगी। क्यों?"

"भाभी, आप जो भी कह रही हैं सच कह रही हैं। मैं आपकी कसूरवार हूँ, मगर मैं अपनी मजबूरी बता नहीं सकती। आप नहीं जानतीं आपसे मिलने को मेरा मन कितना तड़पता है, मगर मैं इतनी अभागी हूँ कि जो पहले अपने थे न उनसे मिल सकती हूँ और जिनसे यहाँ अपनामन मिला न उनसे...दरअसल कबीर नहीं चाहता कि मैं..."

"खैर, होगी कोई मजबूरी। हमें उससे क्या लेना-देना। यह बताओ कि आई किसलिए हो," मैंने उन्हें बहसने का और मौका दिए बिना बीच में टोका।

'मेरा प्रश्न सुनकर रोने लगी कविता। रोती रही देर तक।

उसकी यह हालत देखकर पत्नी का दिल पसीजा। उसने हाथ पकड़कर कविता को कमरे में बैठाया, पानी लाकर दिया, पीठ पर हाथ फेरा और सांत्वना के ढेरों शब्द कहे, तब कहीं जाकर उसका रोना बंद हुआ, और तब बताया कविता ने कि कबीर को आज खाँसी के साथ दिन में तीन बार खून आ चुका है।

"खून!"

"हाँ भैया।"

"तो रोती क्यों है पगली," पत्नी ने, इससे पहले कि वह फिर शुरू हो, तुरंत डपटा उसे, "अभी तेरे भैया तो यहीं हैं न। ये सब संभाल लेंगे। कल ही किसी अच्छे डॉक्टर को दिखा देंगे।"

अब?

छोड़ो शिकवे यार।

दूसरे दिन जब मैं कबीर को डॉक्टर के पास लेकर गया तो कविता भी साथ हो ली। उसने आग्रह किया कि यदि संभव हो तो कहीं से प्रयाग फोन कर उसके बाबूजी से मैं उसकी बातचीत करवा दूँ।

डॉक्टर ने हमें एक और डॉक्टर से मिलने की सलाह दी। हुआ क्या है कबीर को कुछ नहीं बताया। हम तीनों उस डॉक्टर के पास गए मगर मालूम हुआ कि वे केवल सुबह मिलते हैं। कबीर उस डॉक्टर के पास जाने से बार-बार मना कर रहा था। मैं समझ गया कि वह ऐसा क्यों कर रहा है। यह डॉक्टर काफी महँगा था शायद इसीलिए।

वापस घर न आकर मैं उन दोनों को अपने दफ्तर ले गया। चपरासी को बैंक भेजकर कुछ रुपये निकलवाए। फोन करने के लिए जब संपादक के कमरे में गए तब उनमें से पाँच सौ रुपये जबरन कविता को थमा दिए, कविता देर तक मेरा मुँह ताकती रही।

"रख लो। इस समय तुम्हें इनकी जरूरत पड़ेगी। हाँ, इसका जिक्र कबीर से मत करना।"

वह कुछ ना-नुकुर करती मगर तभी उसके घर का फोन लग गया।

फोन पर कविता ने अपने पिता को सब किस्सा कह सुनाया। उसके कहने का आशय दो शब्दों में केवल इतना था—मैं हार गई तात!

घर पहुँचने पर भी कबीर वही रट लगाए रहा कि मुझे उस डॉक्टर को नहीं दिखाना।

"तो क्या मरना है?" मैंने खीझकर कहा, "आखिर उससे तुम्हें इतना गुरेज क्यों है?"

"वह बहुत महँगा होगा।"

"तुम्हें इससे क्या फर्क पड़ता है। तुम्हारे पास तो अभी वे रुपये भी होंगे जो मैंने चुराए थे।"

मेरी बात सुनकर कबीर क्षण-भर को ठिठका, फिर अपनी सफाई में कुछ कहना ही चाहता था कि कविता ने उसके मुँह पर हाथ रखकर पूछा मुझसे, "तो क्या आपको रुपयों की चोरी की बात मालूम है?"

"मुझे ही क्यों कइयों को मालूम है। मेरी जानकारी के अनुसार वे मेरे घर में से, तुम्हारे इजारबंद वाले हिस्से में रखे-रखे चले गए। हमारे संपादक की पत्नी के अनुसार धोबी के कपड़ों में चले गए। नरेश की जानकारी के अनुसार प्रयाग में ही भूल आये..."

"और मेरी जानकारी के अनुसार वे रुपये आपने मेरे घर में आकर कबीर की आँखों के सामने चुराए थे।" कविता ने यह कह कर हम को चौंका दिया।

"तुम...?"

"मैं नहीं भैया, कबीर का कहना है यह।"

"फिर तुमने अब तक..."

"जब इसने मेरे सामने यह कहा था तब मैंने इससे कहा था कि अव्वल तो यह सच हो नहीं सकता। अगर सच है भी तो भगवान के लिए यह खबर भाभी तक नहीं पहुँचनी चाहिए। तब इसने कहा कि मैं तो नहीं कहूँगा, हाँ, तुम्हीं कभी मुँह से न उगल देना। और इसीलिए भाभी, तभी मैंने यह कसम खाई थी कि मैं आज से भैया के घर जाऊँगी ही नहीं।"

"चलो, मैं मान लेता हूँ कबीर, कविता के रुपये मैंने चुरा लिए थे, फिर तुम्हारा गुजारा कैसे चल रहा है? मेरी जानकारी के मुताबिक तो जब से तुम लोग बाहर से लौटे हो, तभी से कबीर की नौकरी छूट चुकी है।"

"क्या, कबीर नौकरी नहीं कर रहा?"

"तुम्हें नहीं मालूम?"

"नहीं तो भैया।"

"मुझे भी आज ही पता लगा, जब मैंने दफ्तर से इनके संपादक को यह सूचना देने के लिए फोन किया कि कबीर की तबीयत ठीक नहीं है और वह अगले कई दिन नहीं आ पाएगा। तब उन्होंने बताया कि...खैर, उस सब पचड़े में नहीं पड़ना, मैं तो यह जानना चाहता हूँ कि जब तुम्हारे हाथ की रकम खर्च हो गई थी, चोरी हो गई थी, तो तुम्हारा घर का खर्च कहाँ से चल रहा है?"

"एक हजार रुपया तो कबीर को उस प्रोड्यूसर ने दिया था, जिसके लिए इन्होंने भटनागर जी की कहानियों की पटकथा तैयार की थी और पाँच सौ रुपये

इनके वेतन के आये थे...." कविता ने ब्यौरा दिया।

"और पाँच सौ इस महीने के वेतन के नाम पर आ जाते। हो गए पूरे दो हजार जो इन्होंने अपने ही घर में से चुराए थे। एक तीर से दो शिकार। तुम्हारे मन में मेरे प्रति बैठे विश्वास को नेस्तनाबूत करना और अपनी कमजोरी को छिपाए रखना। तुम्हें यह तो पता चल ही गया है कि पिछले महीने कोई वेतन नहीं बना, अब एक सूचना और दे दूँ, उस प्रोड्यूसर से इनका कोई लेना-देना नहीं है, उससे भटनागर जी के बेटे पूरा पारिश्रमिक ले जा चुके हैं।"

"लेकिन, यह सब...इतना झूठ...इतना प्रपंच किसलिए रचा कबीर ने?"

"यही तो मैं भी नहीं समझ पा रहा हूँ। बैठे तो हैं श्रीमान गोबरगणेश, पूछो इन्हीं से। मगर नहीं, यह अभी नहीं बतायेंगे। बतायेंगे अपनी योजना पूरी हो जाने के बाद। मुझे तो लगता है कविता, तुम्हारे साथ इन साहब ने जो विवाह किया है न, वह भी इनके किसी सुनियोजित प्रपंच का एक हिस्सा है।"

"क्या बके जा रहे हो।" पत्नी ने डाँटा मुझे, "उसकी जिंदगी पर बन पड़ी है और तुम्हें न इसका लिहाज न अपनी बहन की चिंता, बस जो मन में आया ...कोई कहानी पक रही है क्या मन में?"

"मन में नहीं, सामने साक्षात् हो रहा हूँ एक रचना से।"

अगले दिन मुझे कबीर के संसर्ग में नहीं रहना पड़ा। सुबह-सवेरे ही कविता के मौसी-मौसा आ गए फरीदाबाद से। उन्हें पिछली रात ही कविता के बाबू जी ने फोन पर खबर दे दी थी। वे ही उसे डॉक्टर के पास ले गए।

शाम को कबीर के दर्शन हुए अपने ही घर में। साथ में कविता के मौसी-मौसा भी थे। उन्होंने हमें एक नए रहस्य से दो-चार कराया। पहले तो हमारा आभार साभार प्रकट किया, फिर बताया उन्होंने कि कबीर क्यों इस डॉक्टर के पास नहीं जाना चाहता था।

दरअसल कबीर तीनेक महीने पहले इसी डॉक्टर से मिल चुका था। उन्होंने कबीर को साफ-साफ बताया था कि तुम्हें टी.बी. हो गई है। समय रहते इसका इलाज करा लो, मगर ये साहब बजाय इलाज कराने के विवाह में व्यस्त हो गए।

हमें तो लगता है शास्त्री जी, यह विवाह इसने जान बूझकर, सब कुछ सोच-समझकर किया है। इतना महँगा इलाज इनके बूते के बाहर था। फिर कोई गारंटी नहीं कि इलाज के बाद ये किसी काम के लायक रहते। सो इन्होंने हमारी भोली-भाली बिटिया की भावनाओं को हवा दी और उसे बहलाकर उसका तो भविष्य चौपट कर दिया और अपना संवार लिया। जानते हैं न कि हम खानदानी लोग अपनी बिटिया-दामाद को दुखी तो देख नहीं सकेंगे। और वह नादान समझती

है कि ये साहब उसे प्यार करते हैं।

उनका कहा एक-एक शब्द कानों में गरम शीशे के पिघलने जैसा महसूस हो रहा था मुझे। वे पूरी तैयारी के साथ आए थे। इसीलिए कविता को वहीं छोड़ आए और कबीर को ले आए थे ताकि जी भरकर उसे सुना सकें।

मेरी पत्नी ने कविता के बारे में पूछा भी। उसे रह-रहकर उसी का ख्याल आ रहा था। जाने क्या बीत रही होगी उस पर?

कविता की मौसी ने बताया कि कविता को अभी हमने कुछ भी बताया नहीं है।

मौसी-मौसा अनवरत जारी थे।

पत्नी सबके लिए चाय बना लाई थी इस बीच। चाय पीकर जब वे जाने लगे तो कविता के मौसा जी ने अपनी जेब से पाँच सौ रुपये निकालकर मेरी तरफ बढ़ाए।

"यह क्या है?" मैंने पूछा।

"आपने हमारी भतीजी को दिए थे न।"

"आपकी भतीजी को नहीं, मैंने अपनी बहन को दिए थे। और बहनों से वापसी का चलन हमारे यहाँ नहीं है, इसलिए क्षमा करें।"

जाते-जाते उन्होंने बताया कि वे आज ही कविता और कबीर को अपने साथ ले जा रहे हैं। कुछ दिन फरीदाबाद में ही रखेंगे। फिर प्रयाग भेज देंगे। मगर यहाँ सबसे यही कहकर जा रहे हैं कि कबीर को बनारस में अच्छी नौकरी मिल गई है इसलिए ले जा रहे हैं। आप भी..."

"आप निश्चिंत रहिए।" कहकर मैंने उन्हें विदा किया।

तो यह थी कबीर की योजना। इतनी सशक्त, रहस्यमय, पटकथा की तैयारी के लिए कबीर को दाद देने का जी चाहा। क्या नहीं था इसमें—रुपया, पैसा, प्यार, मुहब्बत, शिकवे, शिकायत, धोखा, त्याग, रहस्य, रोमांच, जीते जी मौत, षड्यंत्र, आँसू, गुस्सा, भाग्य, भगवान, क्रांति और तब भी सुखांत!

अचानक मेरी निगाह उन लोगों द्वारा चाय पीकर एक तरफ रखे कपों पर गई। मैंने अंदाज लगाया। कबीर का कप? हाँ वह दाएँ वाला। उस कप को उठाकर पत्नी से छिपाते हुए बाहर फेंक दिया।

मगर पत्नी से मेरी यह हरकत छिपी नहीं रह पाई, तभी टहोका उसने—

"जूठा कप तो बाहर फेंक दिया तुमने, मगर उसे कहाँ फेंकोगे जो पल रहा है तुम्हारी बहन के पेट में।"

और अंत में...

कबीर का फिर क्या हुआ? कहाँ है आज कबीर? यह एक रचनाकार के लिए खोज का विषय भले ही न हो, लेकिन एक ऐसे रचनाकार के लिए, जो पेशे से पत्रकार भी हो, यह खोज-खबर रखना अपने स्वभाव के चलंते ही नहीं, पाठकों की अपेक्षाओं पर खरा उतरने के लिए भी अनिवार्य है।

बहुत अर्सा बाद इस रचनाकार को खबर मिली कि कबीर इन दिनों पत्रकारिता से वह भी दोनों तरह की पत्रकारिता से जुड़ा हुआ है। यानी प्रिंट मीडिया से भी और विजुअल मीडिया से भी। इन दोनों ही मीडिया में पूँजी लगाती है उसकी ससुराल और वाहवाही या लताड़ पाता है कबीर। कबीर ने पहले कुछ धारावाहिक बनाने का ऐलान किया। फिर कुछ साहित्यकारों पर वृत्तचित्र बनाए। फिर जब एक फिल्मकार भारत की विधवाओं की दुर्दशा पर फिल्म बनाने के लिए एक तीर्थस्थान में पहुँची, तब कबीर उनसे मिला और यह प्रस्ताव रखा कि आप अपनी फिल्म का जनसंपर्क मुझे सौंपिए और मेरे कलाकारों को फिल्म में भूमिका दीजिए। यदि आपने ऐसा नहीं किया तो मैं आपकी फिल्म की न केवल यहाँ शूटिंग नहीं होने दूँगा बल्कि यदि मैं कहीं जरूरत से ज्यादा कुपित हो गया तो आपकी फिल्म ही नहीं बनने दूँगा।

कहते हैं उस फिल्मकार ने इसे गंभीरता से नहीं लिया। बाहर का रास्ता दिखा दिया। अगले ही दिन कबीर ने अपना रौद्र रूप दिखाना शुरू कर दिया। उसने यह प्रचारित करना शुरू कर दिया कि इस फिल्मकार की फिल्म में भारत की बहुत ही दयनीय और निंदनीय छवि दिखाई जाएगी। यह फिल्म चूँकि अंग्रेजी में भी बनाई जा रही है, सो विदेशों में भी दिखाई जाएगी। जाहिर है इससे विदेशों में हमारे देश और हमारे धर्म की, हमारे समाज और हमारी मान्यताओं की तस्वीर धूमिल होगी।

कबीर का समझाना था कि उसके आकाओं की समझ में तुरंत सारा माजरा आ गया। उन्होंने सरकार से—जो संयोग से उन्हीं की थी—माँग की कि इस फिल्म को न बनने दिया जाए। ये लोग केवल माँग करके ही नहीं थमे, इन्होंने कबीर के नेतृत्व में वाकायदा उस फिल्म के तमाम सेट ध्वस्त कर दिए। फिल्म की यूनिट

को इस बुरी तरह जलील किया कि उन्होंने फिल्म बनाने से ही तौवा कर ली।

कबीर की इस उपलब्धि का ज़िक्र पोंगापंथियों से मोहभंग के बाद ढपोरशंखों की जमात में आ मिले पत्रकार अंधारुआ जोशी ने अपने आलेख में पूरे विस्तार से किया।

इसके बाद कबीर यकायक चर्चा में आया एक फिल्म पत्रिका के साथ। अभी उस पत्रिका के बारे में फिल्म पत्रकारिता के जानकार अपनी कोई भली-बुरी राय कायम करते, उसे सार्वजनिक करते कि इससे पहले ही कबीर फिर एक बार एक मेहमाननवाजी के फेर में अखबारों की सुर्खियों में छा गया।

हुआ यह कि साहित्यिक पत्रिका अगुवाई ने अपना एक समारोह राजधानी में आयोजित किया। दो दिन के उस समारोह के मेजबानों में एक था यही कबीर। अभी पहले दिन का समारोह ही हो पाया था कि अगले दिन एक राष्ट्रीय अखबार बेसहारा में एक स्तंभकार हैंडपंप ने यह रहस्योद्‌घाटन कर सबको चौंका दिया कि प्रगतिशील विचारधारा की पत्रिका अगुवाई के संपादक ने अपने समारोह में कबीर कल्पित जैसे सांप्रदायिक और धर्मांध को मेजबान बना कर वहाँ आए सभी प्रगतिशीलों को उसका नमक खिला दिया। उन्होंने इसके प्रमाण स्वरूप पत्रकार अंधारुआ जोशी के आलेख का भी उल्लेख किया।

यह खबर छपनी थी कि अगले दिन उस समारोह में किसी ने भी हिस्सेदारी करना गवारा नहीं किया। अगुवाई ने ऐसा मेजबान तलाश करके प्रगतिशील साहित्यकारों की कितनी दुर्गति की, इसका मूल्याँकन और आकलन आज भी साहित्यिक पत्रिकाओं का ज्वलंत विषय बना हुआ है।

●●●